MARIA CALLAS: PRIME E PERSONAGGI

Una documentazione fotografica originale e storica sull'attività artistica di Maria Callas. Le sue tante interpretazioni e i suoi preziosissimi costumi: da "Norma" a "Sonnambula", da "Aida" a "Fedora". Bellissime immagini che ritraggono la grande soprano quando era ancora "opulenta" e poi quando, modificando la sua "figura", divenne magra e sofisticata.
Le foto sanno cogliere i momenti di massima espressione: il suo volto, i suoi occhi, le sue mani, i suoi gesti aderiscono al personaggio che solo lei seppe caricare di carisma unico e irripetibile.
Maria Callas era una donna complessa e di grande ricchezza interiore e rivoluzionò il modo di fare teatro, cantando. In ogni personaggio la Callas seppe infondere di volta in volta le giuste sfumature del suo grande temperamento: dal furore della sacerdotessa alla eleganza, e alterigia, della regina, dalla pazzia di Lucia alla vivace scaltrezza della ragazzina nel "Turco". Dalla sequenza di queste foto si ha un ricordo, seppur fuggevole, di quanto ha dato al teatro lirico questa grande diva.

MARIA CALLAS: PARTS AND PERFORMANCES

An original photographic and historical record that traces the artistic career of Maria Callas. The many parts that she played, her wonderful costumes: from Norma to Sonnambula, Aida to Fedora. Superb illustrations of the great soprano with her initially ample figure, others of when she had become slim and sophisticated. The photographs capture the moments of highest expression: her face, eyes and the gestures of her hands all contribute to the characterization of the part in question, parts that she conveyed with unique, irrepetible charisma. Maria Callas was a complex woman with a deep and profound mind, and she brought about a revolution in operatic theatre. She was able to inject the appropriate facets of her wide-ranging temperament into every role: the anger of the priestess, the grace and arrogance of the queen; Lucia's insanity and the lively cunning of the girl in Turco. This series of images stirs a vivid, though fleeting, memory of how much this great star gave to the world of opera.

© BE-MA EDITRICE, Milano 1987

Tutti i diritti sono riservati
È vietata la riproduzione anche parziale
senza l'autorizzazione dell'Editore
*All rights reserved. No part
of this publication may be
reproduced without permission
of the publisher*

Fotocomposizione / *Filmset by:* Primavera - Milano
Fotolito / *Colour reproduction by:* Lamarmora - Milano
Stampa / *Printed by:* FBM - Gorgonzola (Mi)

Itinerari d'Immagini n° 7
1° edizione 1987
First edition 1987

ISBN 88 - 7143 - 054 - 9
Stampato in Italia / *Printed in Italy*
Autorizzazione del Tribunale di Milano n° 190 del 6/3/87

In copertina:
Maria Callas (1923-1977)
Ritratto di Ulisse Sartini.
(Per gentile concessione del Museo Teatrale alla Scala).
*On the cover:
Maria Callas (1923-1977)
Portrait by Ulisse Sartini
(By Kind permission of the Theatre Museum, La Scala).*

Itinerari d'immagini

MARIA CALLAS

1923 - 1977

Giorgio Lise

BE-MA Editrice

Fidelio (Beethoven)

Come Leonora nel Fidelio la Callas cantò in agosto nel Teatro di Erode Attico di Atene a 21 anni quando già, dai 17 anni, era primo soprano dell'Opera di Atene. Aveva già cantato Cavalleria Rusticana di Mascagni (1938), Tosca (1941), Tiefland di D'Albert (1944), spesso con il tenore A. Thellentas.

1944, Fidelio (Bethoven)

In the part of Leonora, Maria Callas sang in Fidelio *in August 1944, in the Attic Herod Theatre, Athens. She was 21 years of age and had been the leading soprano of the Athens Opera since she was 17. She had already sung* Cavalleria Rusticana *by Mascagni (1938),* Tosca *(1941),* Tiefland *by D'Albert (1944), often with the tenor A. Thellentas.*

1944

ioconda (Ponchielli)

Fu il grande debutto italiano all'Arena di Verona, con R. Tucker, Tagliabue, la Nicolai, Nicola Rossi Lemeni, diretta da Tullio Serafin. La critica non si rese conto sul momento dell'evento storico che si era verificato. Allora il suo nome si scriveva spesso con la K iniziale.

1947 Gioconda (Ponchielli)

Her momentous début in Italy, at the Arena in Verona, with R. Tucker, Tagliabue, Elena Nicolai, Nicola Rossi Lemeni, conducted by Tullio Serafin. The critics did not realize the historic importance of the event at the time. During this period her surname was often spelt with a "K".

1947

Turandot (Puccini)

Nel gennaio, a Venezia, alla Fenice, la Callas ebbe una affermazione sensazionale in Turandot, dominando i problemi tecnici dell'opera con la massima sicurezza. Dirigeva N. Sonzogno e cantavano Soler, Carmassi e la Rizzieri.
Lo spettacolo non fu dei migliori, la Callas trionfò.

1948, Turandot (Puccini)

In January, at the Teatro della Fenice of Venice, Maria Callas scored a sensational success in Turandot, overcoming the opera's demands on technique with great confidence. N. Sonzogno conducted, and along with Callas sang Soler, Carmassi and Rizzieri. Though the production was not exceptional, Callas triumphed.

1948

Con Mirto Picchi, Fedora Barbieri e Cesare Siepi la Callas cantò Norma al Teatro Comunale di Firenze nel mese di novembre.
Il suo modo di aggredire i recitativi, le finezze belcantistiche, il temperamento della grande artista si fusero in un personaggio che resterà immortale nella storia della lirica.

1948, Norma (Bellini)

Together with Mirto Picchi, Fedora Barbieri and Cesare Siepi, Callas sang in Norma *at the Teatro Comunale of Florence in November.*
Her style of attacking the recitatives, her vocal finesse, and a temperament typical of a great artist fused to create a tole never to be forgotten in the history of opera.

1948

Nabucco (Verdi)

Abigaille eroica e drammatica, la Callas debuttò in quest'opera al S. Carlo di Napoli in dicembre, con Gino Bechi protagonista. La critica la osannò e i dischi del tempo ci fanno conoscere risvolti interpretativi nuovi ad onta di alcune note acute di timbro poco gradevole, ma di sicuro effetto tragico.

1949, Nabucco (Verdi)

As the heroic and dramatic Abigail, Maria Callas sang this opera for the first time in December 1949 in Naples, with Gino Bechi in the leading role. She was acclaimed by the critics, and contemporary recordings document the original aspects of the interpretation, notwithstanding some high notes that are not of pleasing timbre, though certainly dramatically effective.

1949

ida (Verdi)

Chiamata alla Scala di Milano per sostituire la Tebaldi, cantò Aida, già presentata a Torino (T. Lirico) due anni prima. La stampa la citò appena, e la Scala stessa non si accorse di aver trovato la sua regina del futuro.

1950, Aida (Verdi)

Called to La Scala, Milan, to substitute Renata Tebaldi, she sang in Aida, an opera that she had already performed in Turin (Teatro Lirico) two years earlier. She was barely mentioned by the press, and even La Scala were not aware that they had found their future queen.

1950

Vespri Siciliani (Verdi)

Con Mascherini e Christoff la Callas debuttò quale duchessa Elena al Maggio Musicale di Firenze. Dirigeva Erick Kleiber. La Callas fece in quell'occasione capire di essere in grado di penetrare tutte le sfumature della partitura pur essendo libera di recitare come una grande attrice, senza la preoccupazione di guardare il direttore d'orchestra e fidando solo sulla sua memoria. È noto che senza occhiali la Callas non vedeva quasi nulla.

1951, Vespri Siciliani (Verdi)

Callas made her début as Duchess Elena, with Enzo Mascherini and Boris Christoff at the Maggio Musicale Festival of Florence. On this occasion she demonstrated her ability to convey all the nuances of expression inherent in the score, nonetheless performing like a great actress without having to observe the conductor, and trusting on memory. In fact, without glasses she saw very little anyway.

1951

Vespri Siciliani (Verdi)

Finalmente la Scala capì e la Callas aperse la stagione del 1951 con gli stessi colleghi di Firenze diretti da De Sabata. La critica parlò di "gola miracolosa, di estensione prodigiosa, di bellezza vocale fosforescente".

1951, Vespri Siciliani (Verdi)

At last, La Scala came to their senses and Callas opened the season of 1951 along with the colleagues that had performed with her in Florence, conducted by De Sabata. The critics wrote of "her miraculous throat, of prodigious range, with phosphorescent vocal beauty".

Norma (Bellini)

Alla Scala con Penno, Stignani, Rossi Lemeni. Ecco Norma levare il braccio a minacciare Pollione con "Vanne, si, mi lascia indegno, figli oblia, promesse, onore". Nello sguardo c'è tutto il furore della sacerdotessa sedotta e tradita, nel gesto una determinazione scenica unica per tensione drammatica.

1952, Norma (Bellini)

At La Scala with Penno, Strignani, Rossi Lemeni. We see Norma, arms raised, threatening Pollione with the words "Vanne, si, mi lascia indegno, figli oblia, promesse, onore" ("Go away, leave me, unworthy as you are, forgetting children, promises, honour").

Her expression admirably conveys the anger of the seduced and betrayed priestess, the gesture reveals Callas' determination in producing such dramatic tension on stage.

1952

Vespri Siciliani (Verdi)

Una curiosa Callas, spartito sotto il braccio, alle prove dei Vespri alla Scala. Sicura di sé quanto mai, non temeva più nulla

1952 gennaio

January 1952, Vespri Siciliani (Verdi)

A curious photograph of Callas, music under her arm, rehearsing Vespri *at La Scala. She was never more self-confident, having nothing left to fear.*

rmida (Rossini)

Il Maggio Musicale fiorentino inaugurò la stagione all'insegna del virtuosismo trascendentale con la Callas protagonista, Serafin direttore, scene e regia di Alberto Savinio e coreografia di Leonida Massine. Ancora una volta la critica si soffermò sulle qualità di attrice, oltre che su quelle musicali della protagonista.

April 1952, Armida (Rossini)

The Florentine Maggio Musicale season opened in a style of transcendental virtuosity, starring Callas, with Serafin conducting, scenes and direction by Alberto Savinio, choreography by Leonida Massine. The critics again dwelt on Callas' acting prowess as well as praising her musical talents.

1952 aprile

Macbeth (Verdi)

L'apertura di stagione alla Scala con Macbeth fu una riconferma delle indubbie qualità drammatiche della Callas, una Lady da brividi.
Con Penno, Tajo e Mascherini, diretti da De Sabata, la Callas creò un personaggio completo, incurante delle agilità stratosferiche della tessitura e delle problematiche della recitazione. Questo Macbeth resterà un punto di riferimento nel tempo.

December 1952, Macbeth (Verdi)

Macbeth, opening the season at la Scala, was fresh confirmation of Callas' talent for drama: she was a spine-chilling Lady Macbeth.
Performing with Penno, Tajo and Mascherini, De Sabata conducting, Maria Callas created a full and complete personality, notwithstanding the fine-woven complexities of the plot and the acting difficulties. Her Macbeth will remain a fundamental point of reference.

1952 dicembre

ioconda (Ponchielli)

Alternando le recite di Macbeth in dicembre alla Scala, la Callas riprese Gioconda già data in luglio, con Poggi, Nicolai, Inghilleri e Tajo.
La Callas era ancora monumentale e una giornalista la definì "inguardabile", giudizio ingiusto perché la capacità di entrare nel personaggio anche come attrice della Callas faceva dimenticare la sua figura matronale.

December 1952, Gioconda (Ponchielli)

In between the performances of Macbeth *at La Scala in December, Maria Callas resumed the* Gioconda *that had been presented in July, with Poggi, Nicolai, Inghilleri and Tajo. Callas was still of "monumental" proportions and one journalist went so far as to describe her as "unbearable to look at", not a just verdict considering that her ability to enter into the spirit of the part, dramatically as well as lyrically, led to one forgetting her matronly figure.*

1952 dicembre

rovatore (Verdi)

Con la Barbieri e Penno fu Leonora alla Scala, regale e sofferta, ripristinando brani solitamente tagliati come la cabaletta del quarto atto dopo il "Miserere"

1953 febbraio

February 1953, Trovatore (Verdi)

Performing with Fedora Barbieri and Gino Penno, Callas sang the regal and suffering Leonora at La Scala, reinstating passages normally omitted, such as the cabaletta in the fourth Act after the "Miserere".

edea (Cherubini)

Dopo Norma ecco un altro pilastro portante della mitica grandezza della Callas in Medea alla Scala. Dirigeva il giovane Leonard Bernstein.
Questa Medea fu la prima di una serie destinata ogni volta ad essere qualche cosa di nuovo per la grande capacità che la Callas aveva di scavare nei personaggi.

December 1953, Medea (Cherubini)

After Norma, her performance of Medea at La Scala became another pillar sustaining the legendary greatness of Maria Callas. The young Leonard Bernstein conducted. This Medea was the first of a series, each of which was something of an original conception by virtue of Callas' ability to delve into the character of the part.

1953 dicembre

Lucia di Lammermoor (Donizetti)

Diretta da H. von Karajan questa Lucia fu memorabile soprattutto per la scena della pazzia in cui la Callas letteralmente si trasfigurò.
Le sue mani tese in avanti mentre cantava "Alfin son tua, alfin sei mio" erano più eloquenti della stessa musica.

January 1954, Lucia di Lammermoor (Donizetti)

Conducted by H. von Karajan, this Lucia was memorable above all for the scene of insanity, during which Callas literally became transformed.
Her hands, stretching forwards while she sang "Alfin son tua, alfin sei mio" ("At last I am yours, at last you are mine"), were more expressive than the music itself.

1954 gennaio

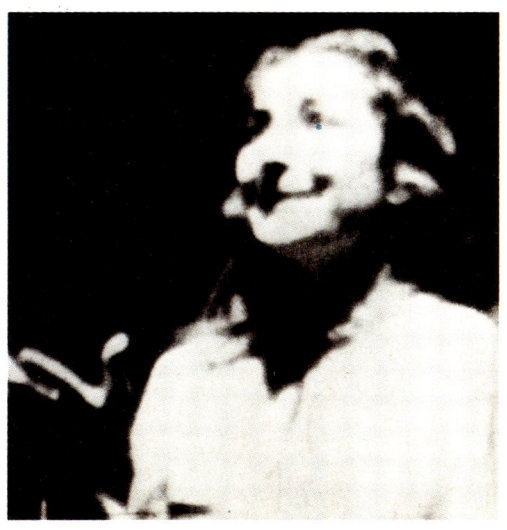

Alceste (Gluck)

Personaggio di elegiaca eleganza la Callas portò al trionfo, con il coro, un'opera difficile, mai data prima alla Scala. In Italia era apparsa a Bologna nel 1788 ed ebbe 33 repliche.
L'esecuzione scaligera (4 recite) fu raffinata, con scene classico-monumentali di P. Zuffi e Giulini sul podio.

1954 aprile

April 1954, Alceste (Gluck)

In a part of mournful grace, Callas, together with the chorus, brought this difficult opera to triumph. It had never been performed at La Scala: in Italy it first appeared at Bologna in 1788 and was repeated 33 times.
The production at La Scala (four performances) was refined, with monumental classical scenery designed by P. Zuffi and Giulini.

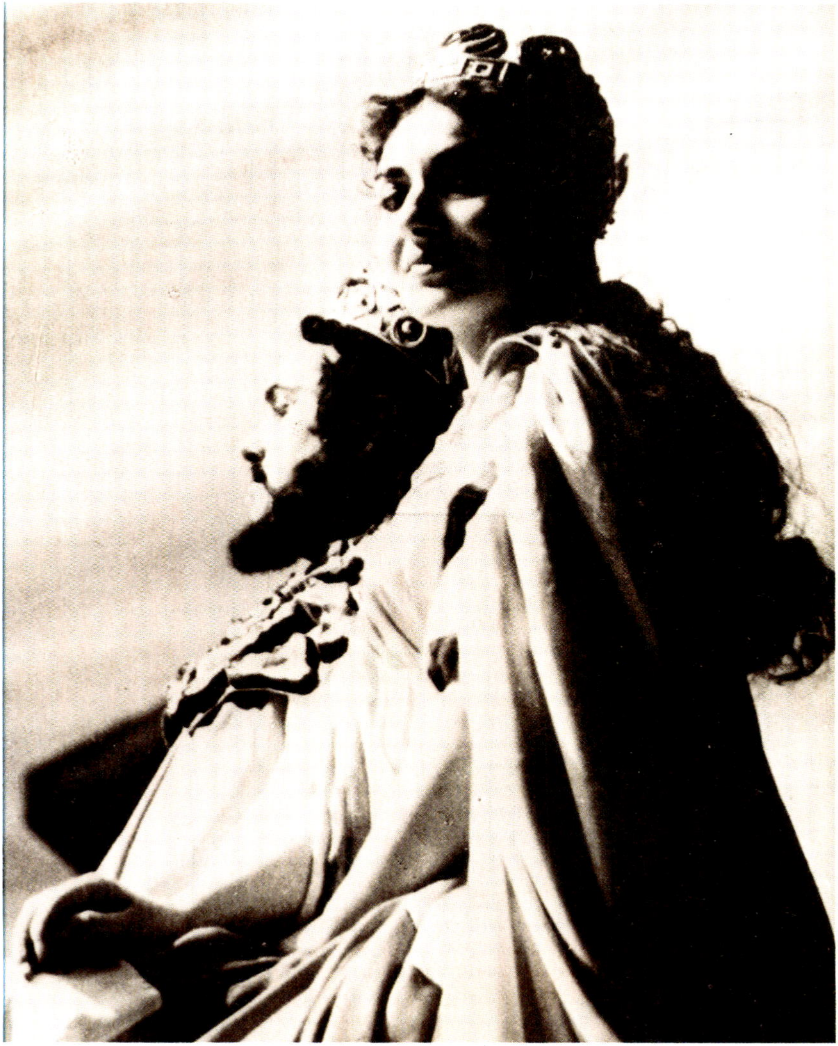

Don Carlos (Verdi)

Subito dopo Alceste la Callas fu Elisabetta nel Don Carlo, regina elegante e altera, perfettamente calata nel nuovo personaggio.
Con lei cantavano Rossi Lemeni, Mascherini e la Stignani, diretti da Votto.

1954 aprile

April 1954, Don Carlos (Verdi)

Immediately after Alceste, *Callas became Elisabetta in* Don Carlo *and perfectly adapted to fit the new part, rendering a graceful and stately queen. With her sang Rossi Lemeni, Mascherini and Ebe Stignani, conducted by Votto.*

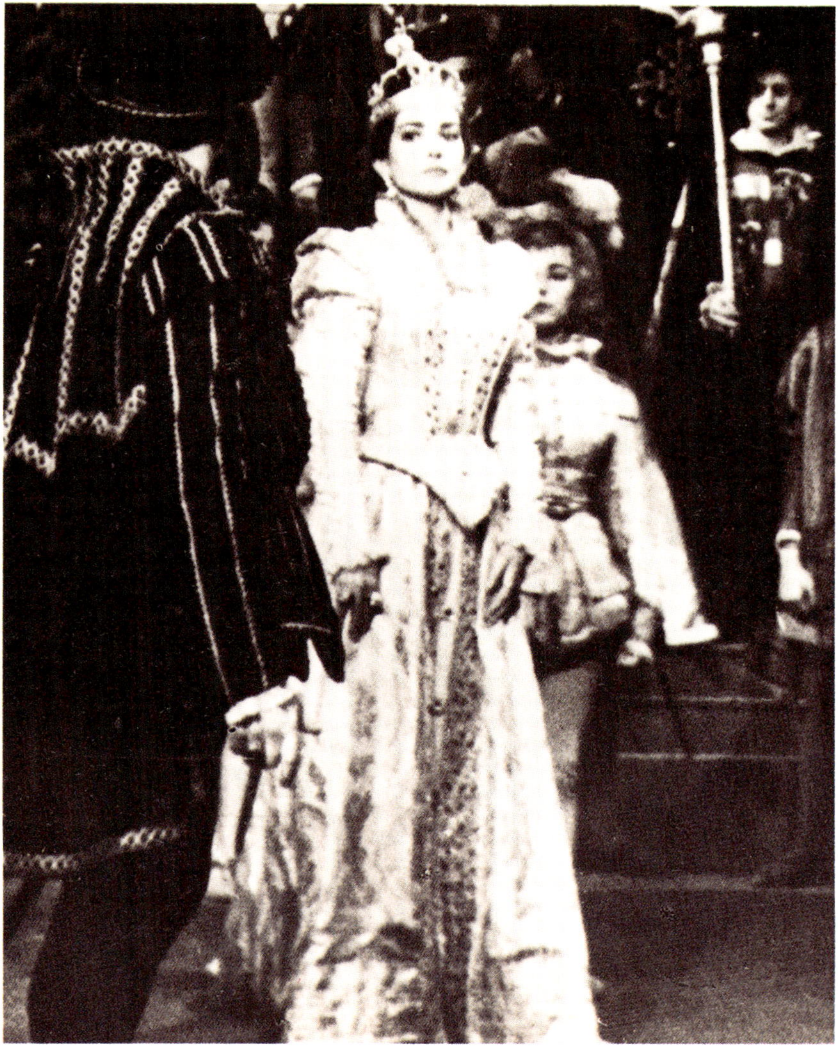

Don Carlos (Verdi)

La voce della Callas nel Don Carlo scaligero risultò di incredibile dolcezza fin dal primo atto (Non pianger, mia compagna) e dominò uno spettacolo per altri aspetti piatto e di routine.
La critica rimase sorpresa, essendo abituata a interpretazioni di grande tensione tragica come in Norma e in Medea.

April 1954, Don Carlos (Verdi)

From the beginning of the first Act of La Scala's Don Carlo, Callas' voice was remarkably gentle ("Non pianger, mia compagna") and dominated a production that was otherwise somewhat uninspired and routine.
The critics were surprised, accustomed as they were to dramatically tense performances such as in Norma *and* Medea.

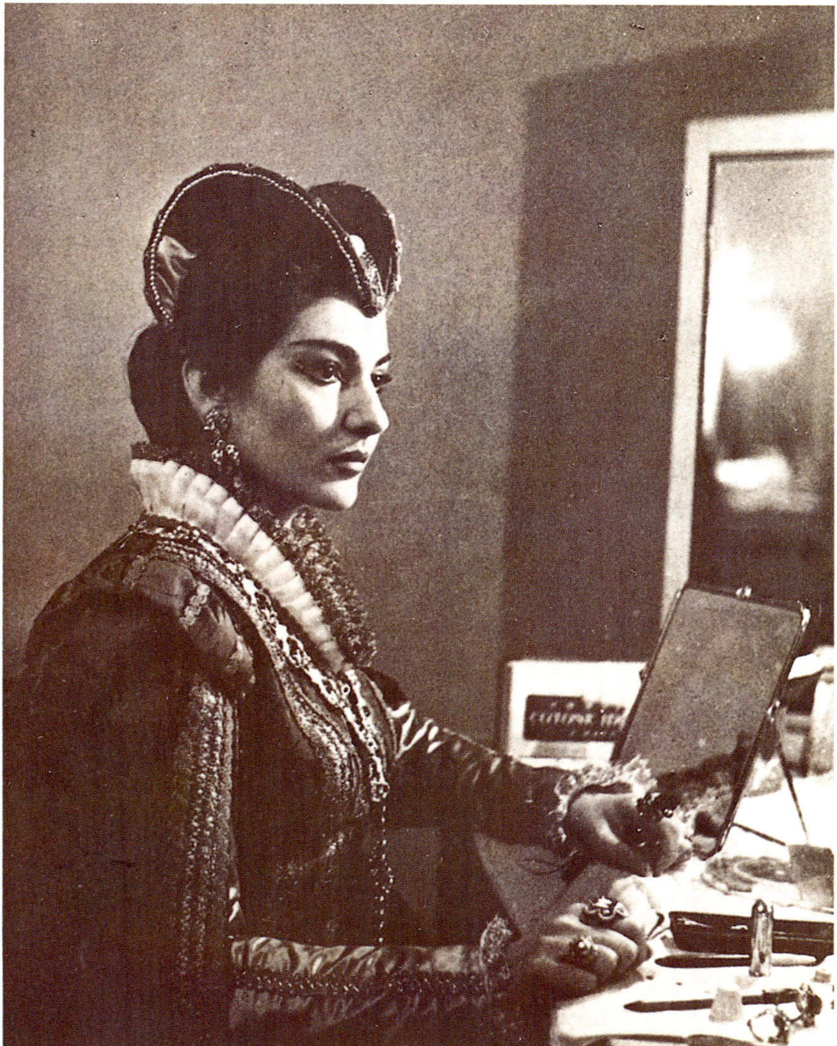

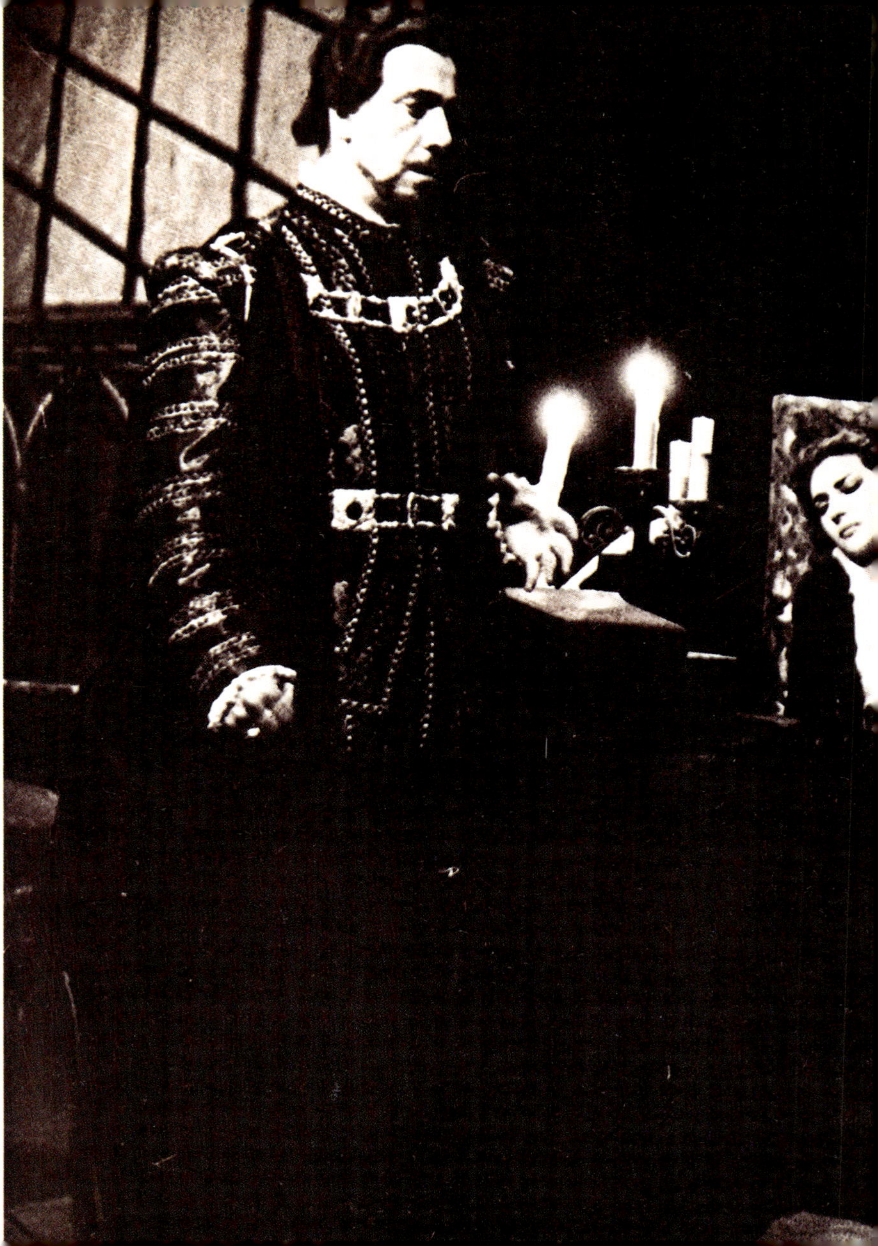

Don Carlos (Verdi)

Con Ebe Stignani nella tragica scena del 3° atto.

April 1954, Don Carlos (Verdi)

Together with Ebe Stignani, in the tragic scene of the third Act.

Mefistofele (Boito)

All'Arena di Verona con Di Stefano e Rossi Lemeni la Callas fu Margherita, qui nell'invettiva "Enrico, mi fai ribrezzo", prima della morte e dei patetici versi di "Spunta l'aurora pallida".
Per la cronaca la prima serata fu interrotta da un temporale.

July 1954, Mephistopheles (Boito)

At the Verona Arena, with Di Stefano and Rossi Lemeni, Maria Callas sang Margherita, shown here during the invective "Enrico, mi fai ribrezzo" ("Henry, you disgust me"), before her death and the moving verses "Spunta l'aurora pallida" ("breaks the pallid dawn").
For the record, the first night was interrupted by a storm.

1954 luglio

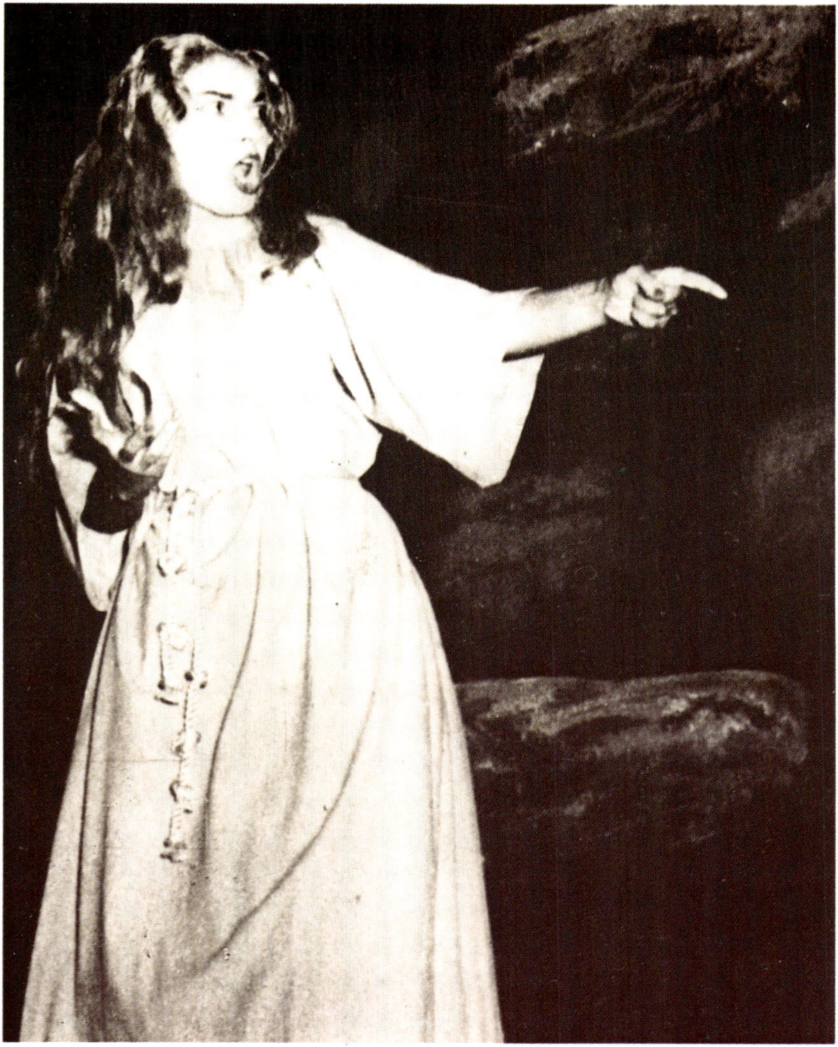

Vestale (Spontini)

Smagrita, nervosa, plasmata da Luchino Visconti, con a fianco il bellissimo Franco Corelli, la Callas inaugurò la stagione con la Vestale, presenti in sala Toscanini e De Sabata.
L'opera, non facile per il pubblico, piacque grazie all'intensa partecipazione della Callas nel ruolo della sacerdotessa Giulia.

December 1954, Vestale (Spontini)

Thin, nervous, directed by Luchino visconti, Maria Callas opened the season with Vestale *together with the handsome Franco Corelli. Toscanini and De Sabata were amongst the listeners.*
Though it may be a difficult opera for the audience, it was well received due to the intensity of Callas' performance in the part of the priestess, Giulia.

1954 dicembre

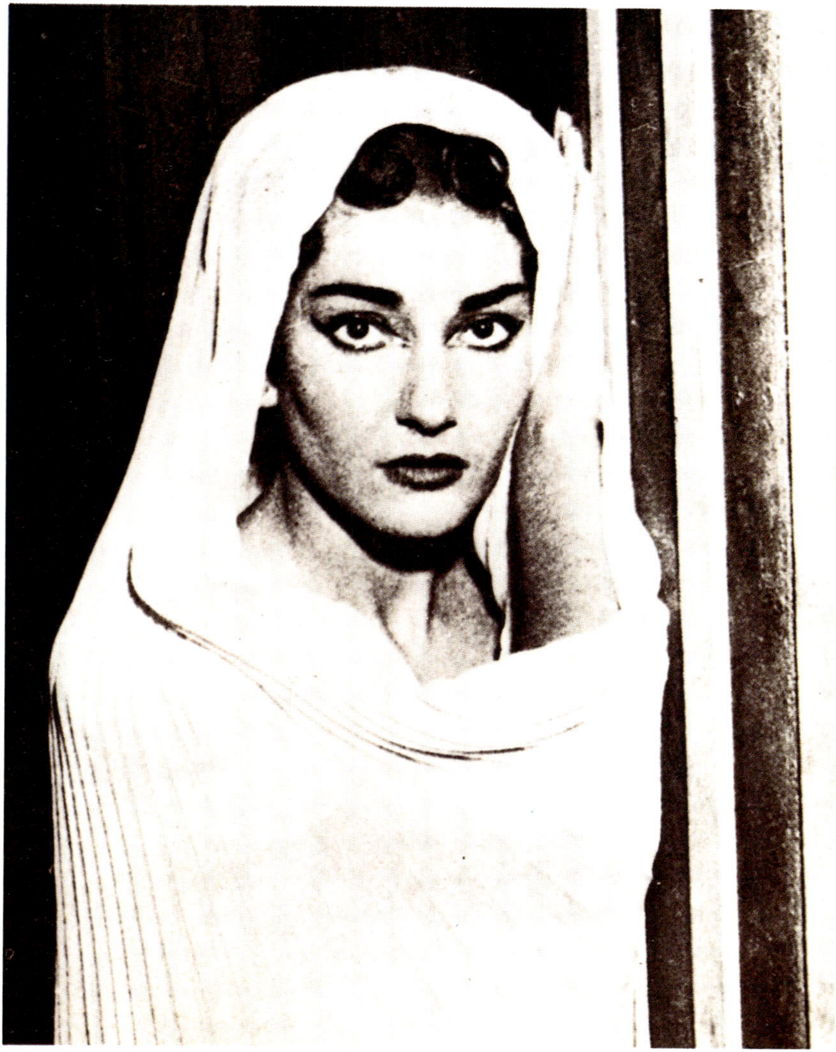

Andrea Chénier (Giordano)

Con Del Monaco e Aldo Protti, direttore Votto, la Callas come Maddalena. Un critico scrisse che la Callas aveva infuso un ardore nuovo di sentimenti e di accenti all'eroina dell'opera realizzata con intelligente dosatura di effetti emotivi piuttosto che con il tradizionale fuoco di romantici abbandoni.

1955 gennaio

January 1955, Andrea Chénier (Giordano)

With Del Monaco and Aldo Protti, Callas sang Maddalena conducted by Votto. A critic wrote that Callas infused the heroine of the opera with a new flame of sentiment and character, by means of intelligently-controlled emotive effects rather than the traditional romantic abandon.

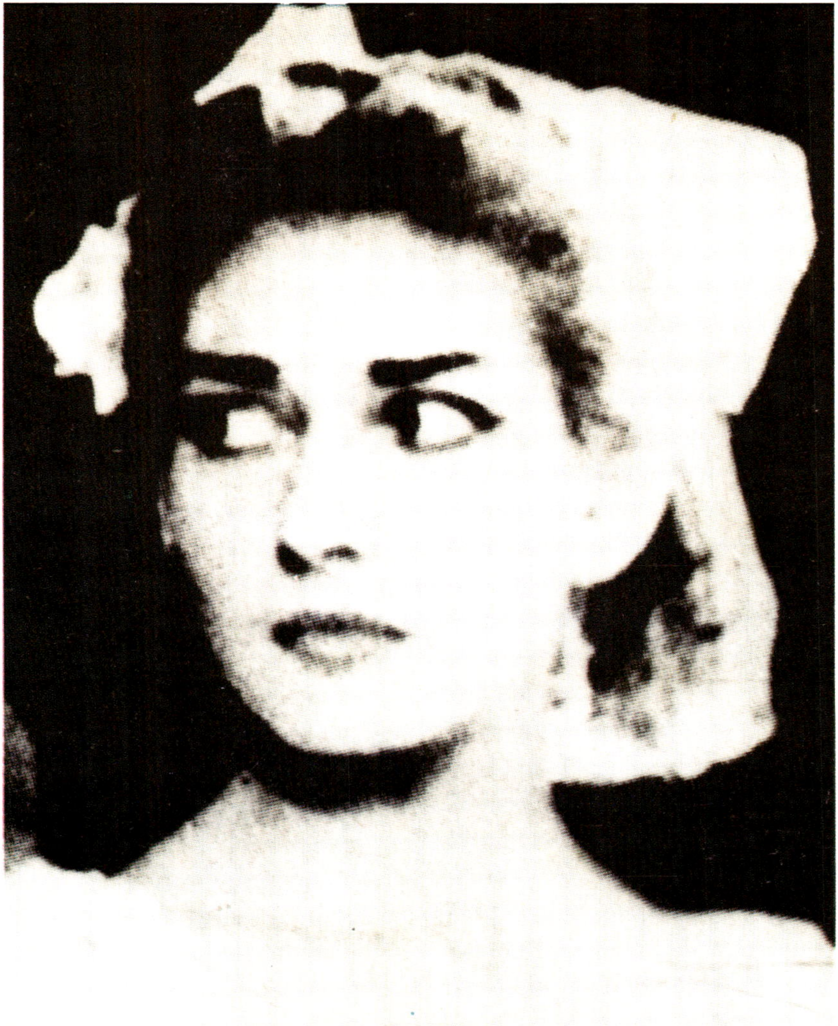

Sonnambula (Bellini)

Come una danzatrice romantica la Callas apparve in Sonnambula alla Scala con la regia di Visconti e la direzione di Bernstein.
La Callas stupì per il travolgente rondò finale che venne chiuso da una "ovazione tonante".

1955 marzo

March 1955, Sonnambula (Bellini)

In Sonnambula *at La Scala, directed by Visconti and conducted by Bernstein, Callas appeared as a romantic dancer. Her final, overpowering rondo was astonishing and was greeted by a "thunderous ovation".*

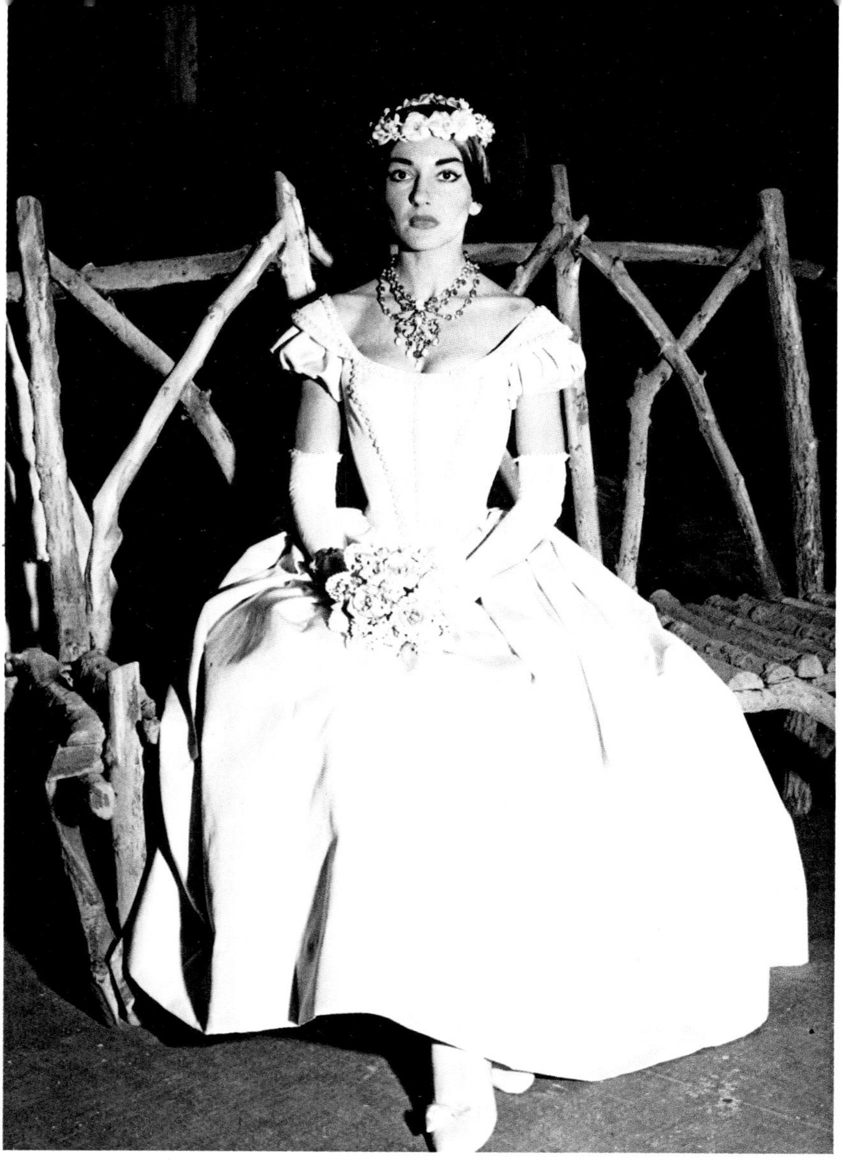

Sonnambula (Bellini)

Con la Callas contavano Valletti, Zaccaria e la Ratti. La regia camminò sulla duplice strada dell'opera-balletto, con vaghi ricordi di "Giselle".

March 1955, Sonnambula (Bellini)

With Callas sang Valletti, Zaccaria and Ratti. The production was on the lines of a "ballet-opera", with vague references to Giselle.

53

Turco in Italia (Rossini)

Dopo Sonnambula un nuovo evento fu la Fiorilla della Callas, sempre alla Scala, questa volta con la regia del giovane Zeffirelli. Il pubblico dimenticò per qualche sera la terribile Medea per godersi una ragazzina scaltra e vivace in grado di prendersi baie del turco baffuto.

May 1955, Turco in Italia (Rossini)

After Sonnambula, *Callas' performance as Fiorilla was a significant event, again at La Scala but this time directed by the young Zeffirelli. For a few evenings the audience forgot the formidable* Medea, *relishing the shrewd and lively girl making fun of the bewhiskered Turk.*

1955 maggio

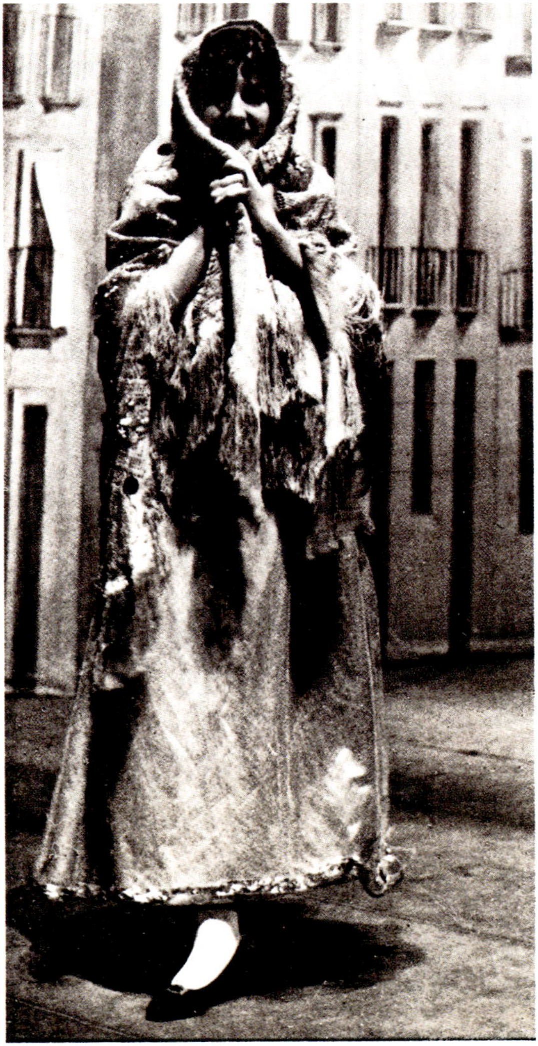

Turco in Italia (Rossini)

Fiorilla fu una meteora nel mondo della musica, ma grazie alla Callas un personaggio dimenticato ha ritrovato i fasti della scena.

May 1955, Turco in Italia (Rossini)

Fiorilla was like a meteor in the musical world, but thanks to Callas, a part that had been forgotten returned to the splendour of the operatic stage.

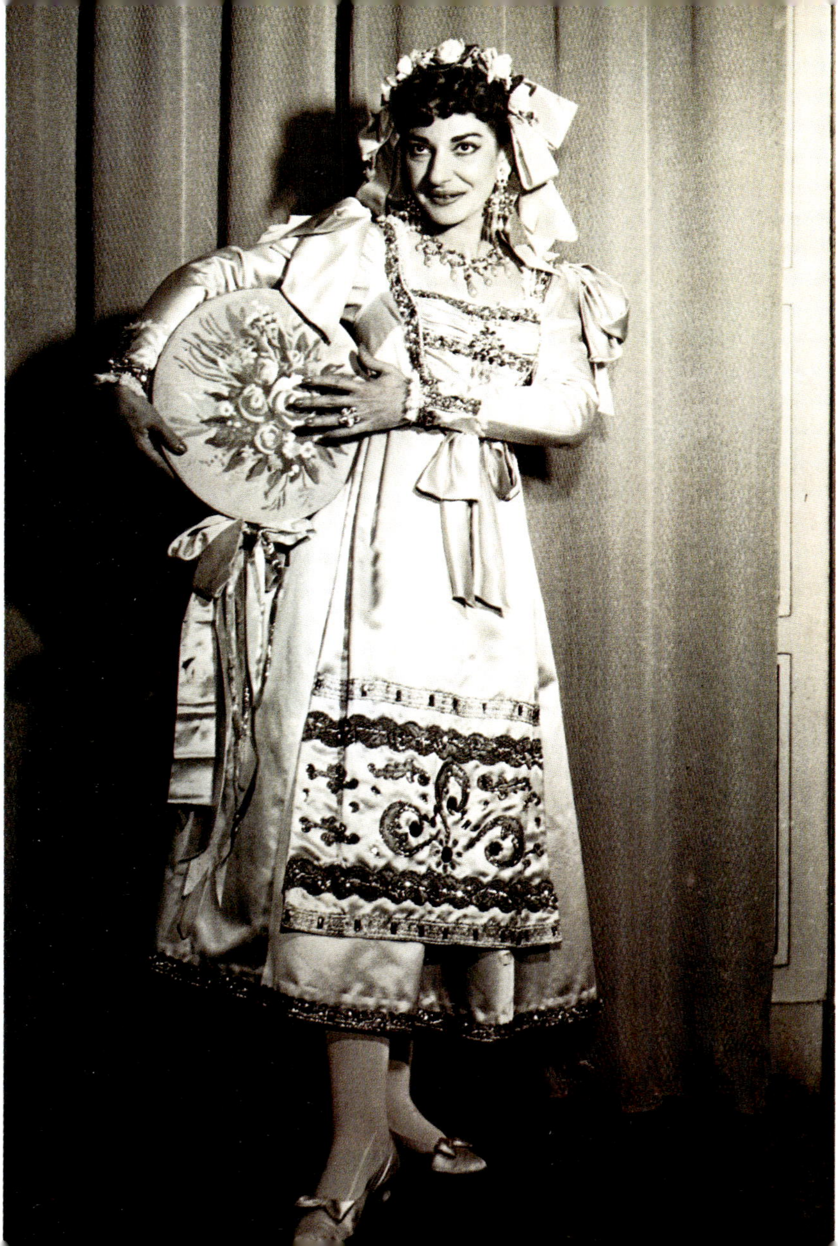

Traviata (Verdi)

Questa Traviata segnò un tale punto di riferimento con un modello come la Callas che da allora la produzione dell'opera ha creato seri problemi a teatri ed interpreti. In questa foto la Callas è splendida nel costume della festa in casa di Flora de Bervoix.

May 1955, Traviata (Verdi)

This production of Traviata *marked such a high-point, with Callas setting the standard, that from then on the performance of the opera has created serious problems for theatres and artists. In this photograph, Callas wears a magnificent costume by feast, in the house of Flora de Bervoix.*

1955 maggio

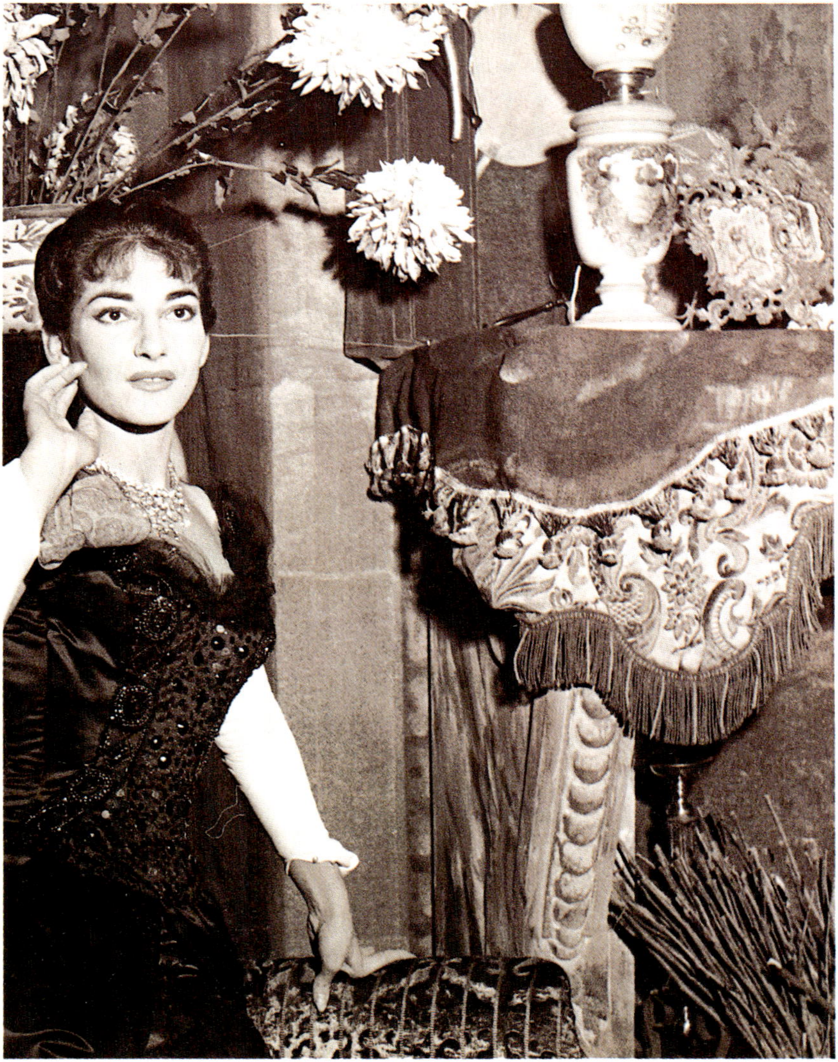

Traviata (Verdi)

La Traviata alla Scala di Callas-Visconti-Giulini destò sensazione e scandalo per le molte innovazioni rispetto la più antiquata tradizione oleografica.
Le scene di Lila De Nobili furono sensazionali e così i costumi. La regia realistica e vivace, memore delle feste di casa Visconti.

May 1955, Traviata (Verdi)

La Scala's Traviata, *a Callas-Visconti-Giulini collaboration, aroused sensation and even scandal for the numerous innovations with respect to the more old-fashioned tradition of scene painting. Lila De Nobili's scenery was sensational, as were the costumes. The direction was realistic and lively, recalling the parties at the Visconti household.*

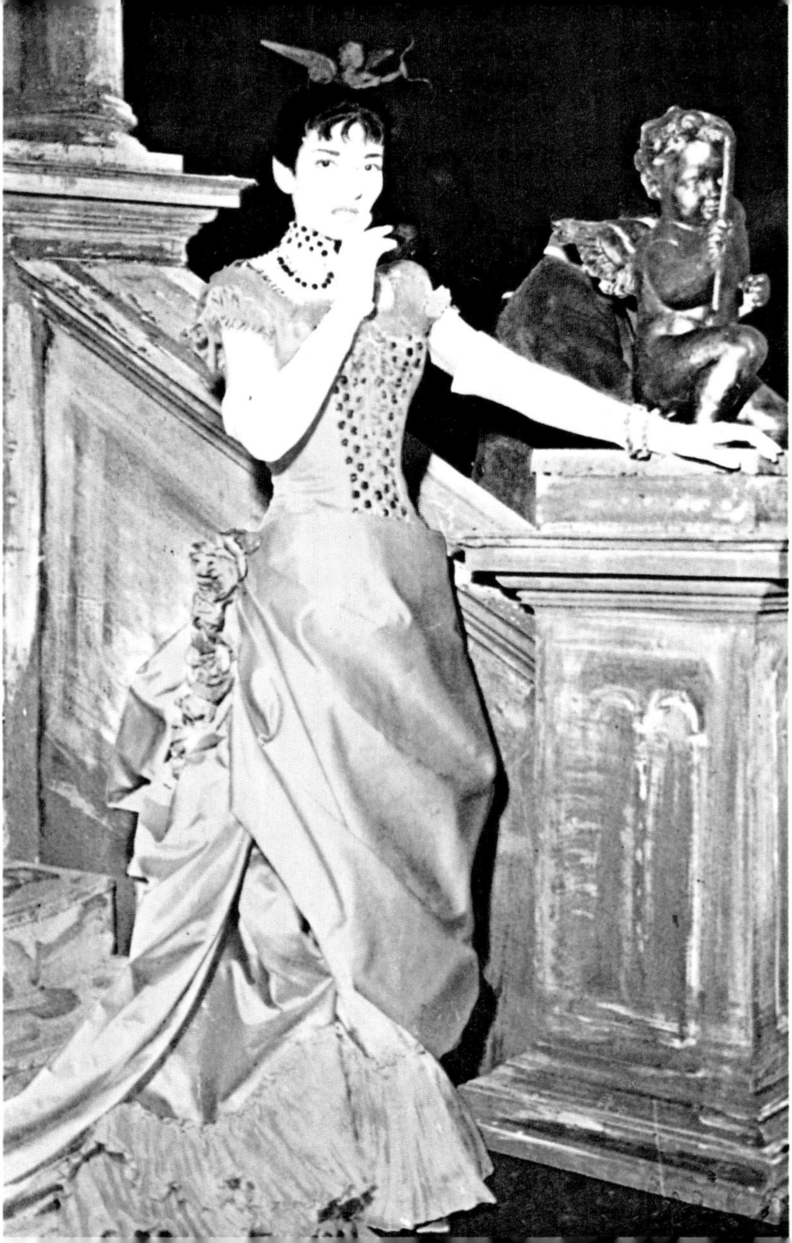

Traviata (Verdi)

La sofferenza della Callas nel secondo e quarto atto.
Distrutta dal male, disperata, sola, Violetta non ha più illusioni. In questa recita la Callas dominò il personaggio con una forza incredibile, creando un mito destinato a non tramontare mai.

May 1955, Traviata (Verdi)

The suffering endured by Callas in the second and fourth Acts.
Destroyed by pain, in despair and alone, no illusions remain for Violetta. In this performance, Callas dominated the part with an incredible strength of personality, creating a legend destined never to fade.

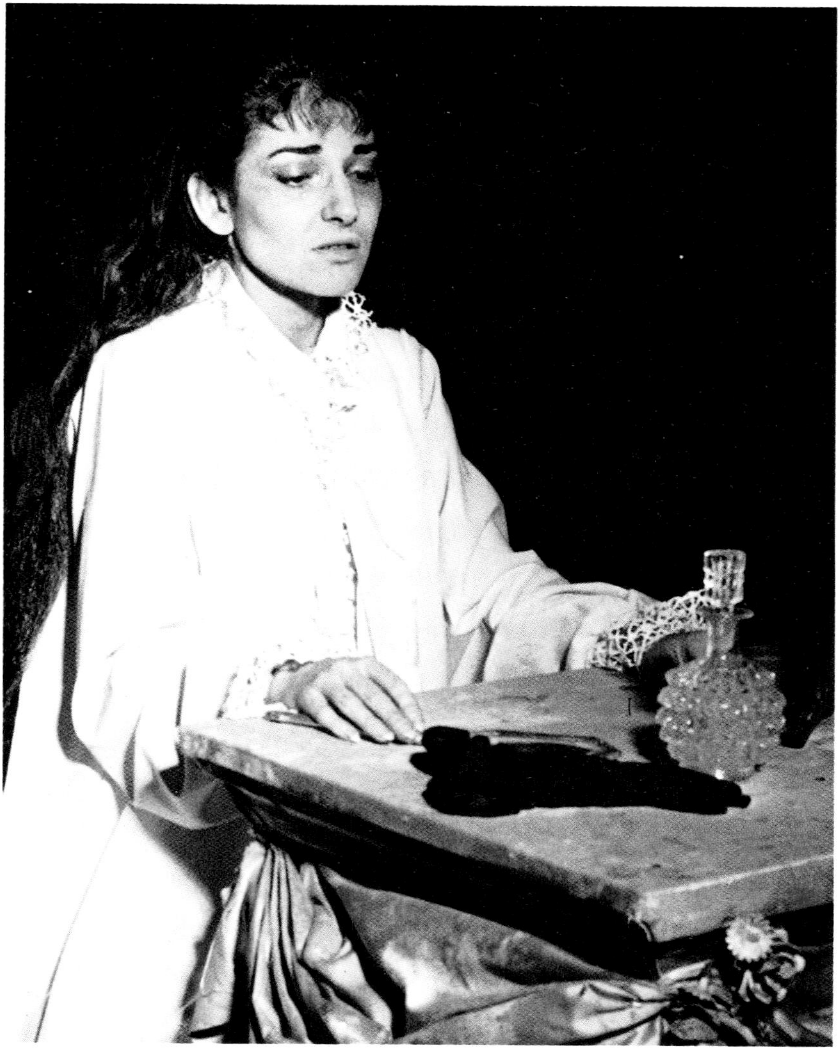

Norma (Bellini)

L'inaugurazione scaligera ebbe un'altra volta successo con Norma. Contavano con la Callas, G. Simionato, Del Monaco e Zaccaria.
L'evocazione dei misteri lunari risuonò memorabile in "Casta Diva" anche se la critica rilevò nella voce alcune durezze non abituali.

December 1955, Norma (Bellini)

The opening of the La Scala season scored another success with Norma. With Callas sang G. Simionato, Del Monaco and Zaccaria.
"Casta Diva" presented a memorable evocation of the priestess praying to the moon, even though the critics brought attention to some atypical hardness of the voice.

1955 dicembre

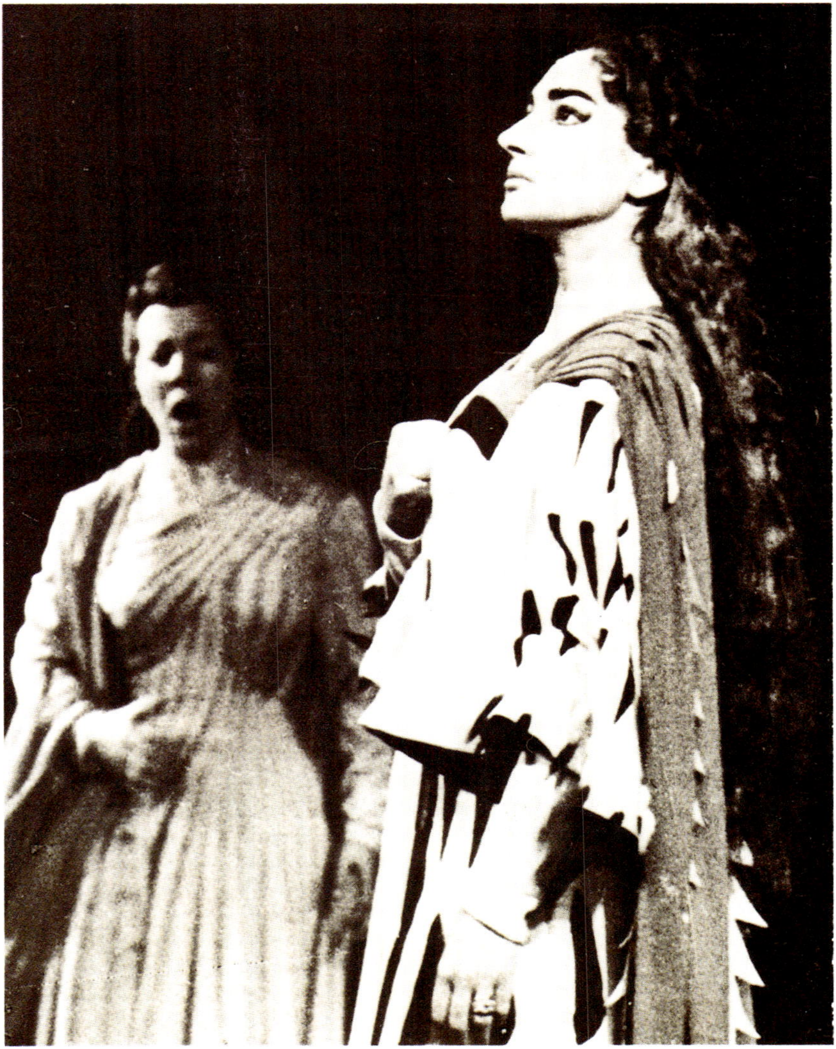

Norma (Bellini)

Il duetto Norma-Pollione, sempre uno dei momenti più drammatici dell'opera belliniana allorché la sacerdotessa druidica si scatena contro l'infedele romano (Vanne, sì, mi lascia indegno).

December 1955, Norma (Bellini)

The duet Norma-Pollione, one of the most dramatic moments of Bellini's opera when the Druid priestess erupts against the unfaithful Roman ("Vanne, sì, mi lascia indegno").

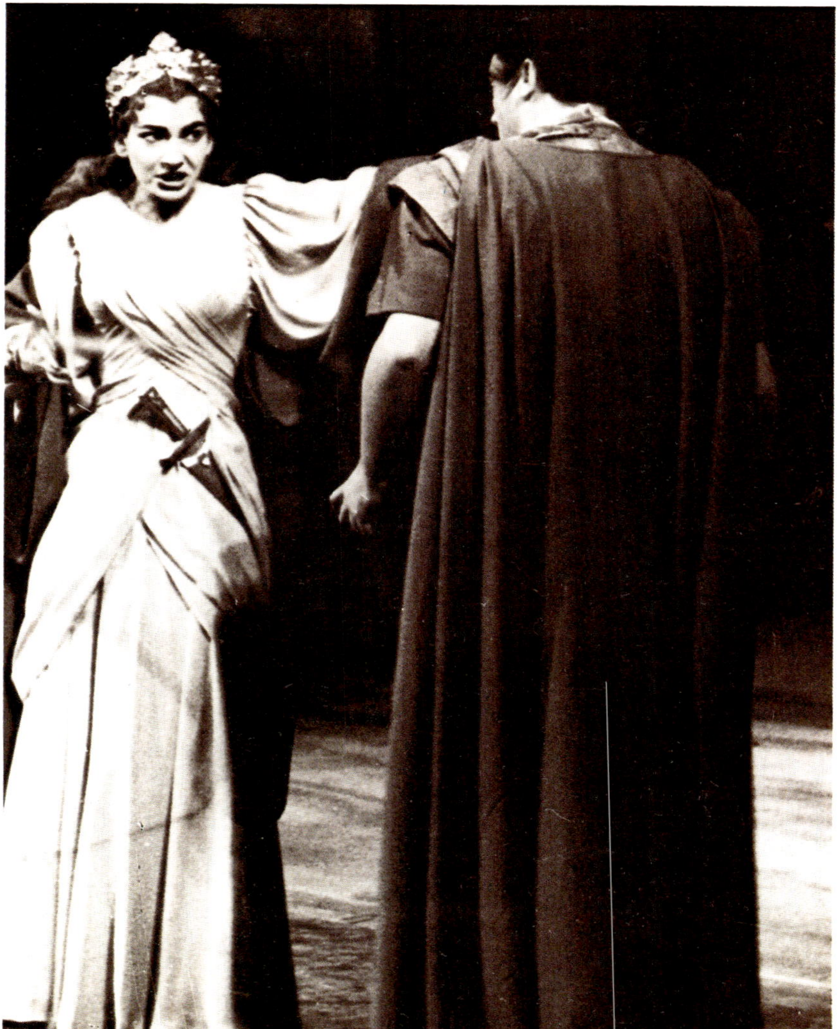

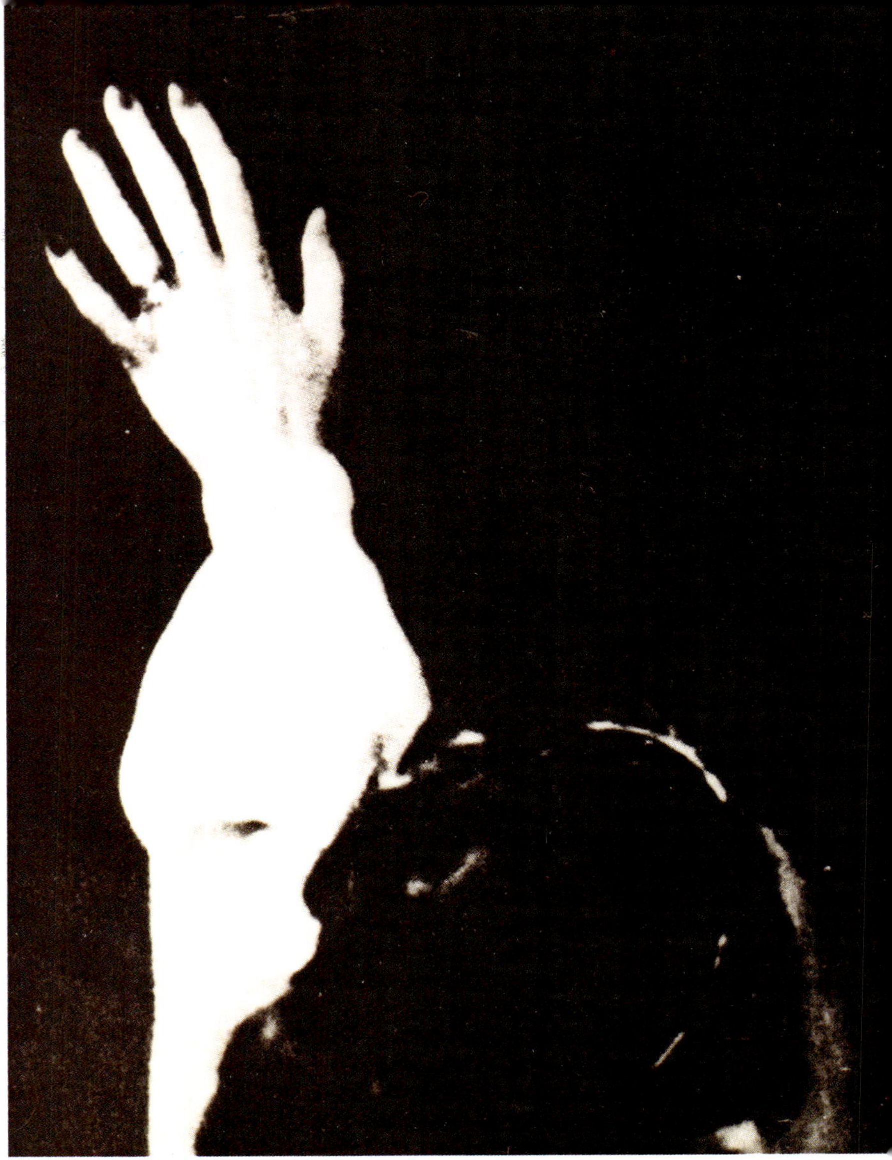

Norma (Bellini)

Le mani di Maria Callas sono un intero capitolo della storia del teatro lirico, come i suoi sguardi. La voce e la musica stregavano l'ascoltatore, ma le mani vive della Callas ne attanagliavano l'attenzione visiva.

December 1955, Norma (Bellini)

Maria Callas' hands represent an entire chapter in the history of opera, as do her eyes. Her voice and the music enchanted the listener, but his gaze was directed infallibly to her hands, seemingly instilled with a life of their own.

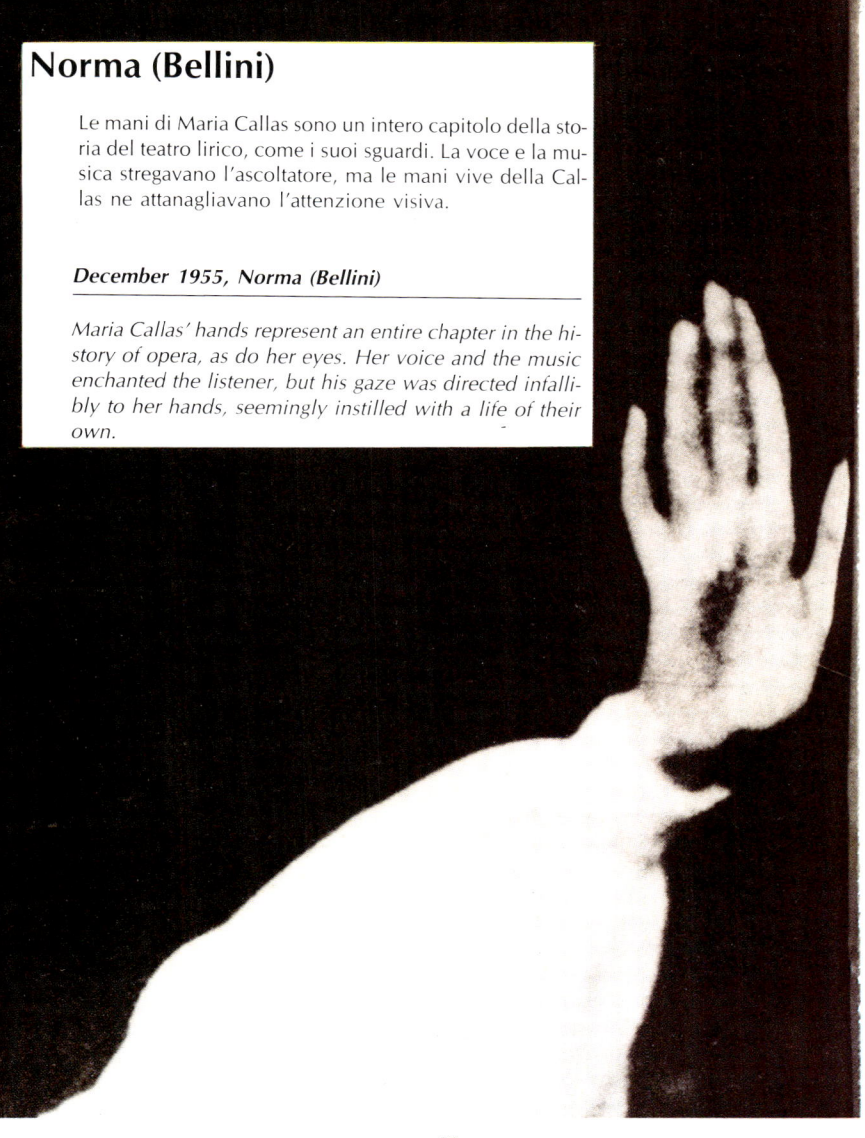

Norma (Bellini)

Pensieri terribili sembrano turbare la Callas-Norma, gelosa, delusa, fremente, madre infelice e tuttavia capo morale di un popolo intero oppresso da Roma.
Il destino sta per compiersi e l'amato verrà ritrovato solo nell'ascesa al rogo finale.

December 1955, Norma (Bellini)

Callas' Norma appears to be deeply disturbed by awful thoughts: she is jealous, disappointed, trembling, an unhappy mother, but nonetheless the spiritual leader of an entire people oppresed by Rome.
Destiny is nearing its fulfilment, and she will only meet her lover during the ascent to the pyre.

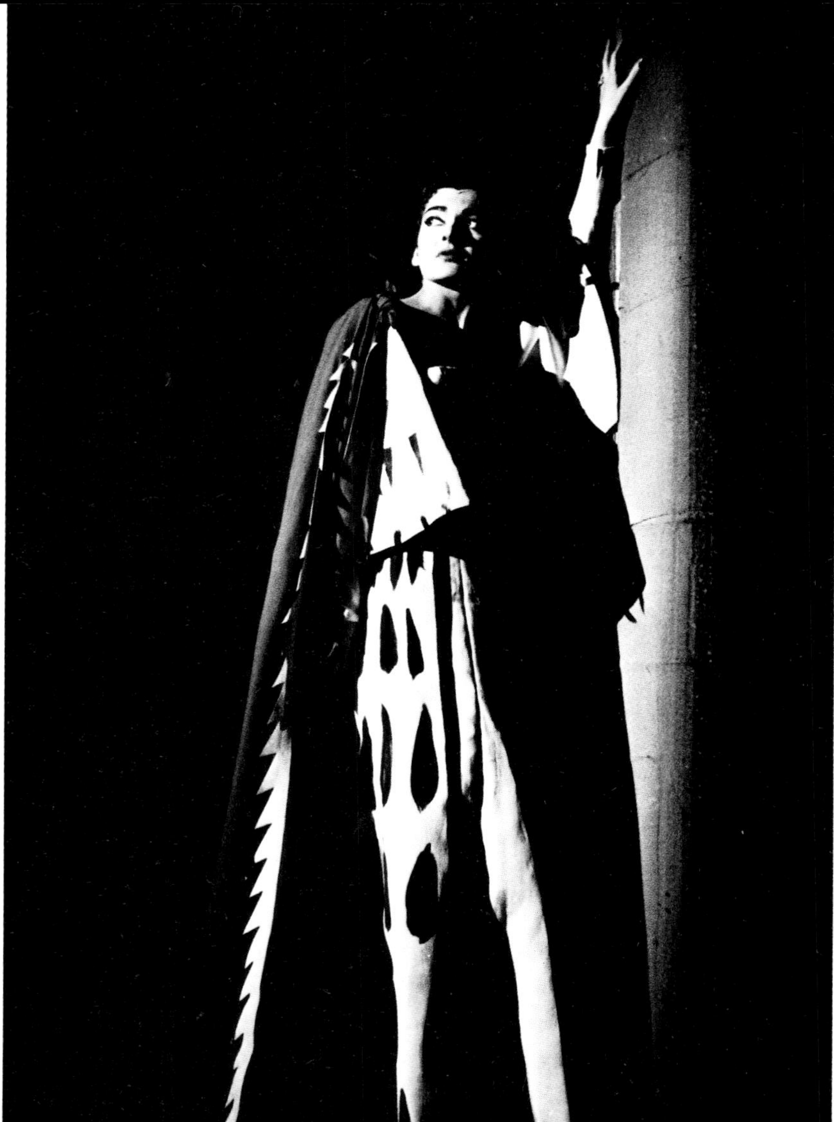

Fedora (Giordano)

Avvolta nella pelliccia di ermellino la Callas interpretò Fedora alla Scala in maggio, con Franco Corelli e diretta da Gavazzeni.
Ancora una volta si compì il miracolo, si sfumarono i contorni, nacque un nuovo intenso personaggio. Tuttavia qualche critico già cominciava a consigliare maggiore prudenza nella scelta dei ruoli da cantare.

May 1956, Fedora (Giordano)

Wrapped in an ermine fur, Callas sang Fedora at La Scala in May, with Franco Corelli, conducted by Gavazzeni. The miracle happened yet again: Callas' personality merged with the part of Fedora to bring a new and intense character to light. However, a few critics were already beginning to advise a greater degree of prudence in the choice of roles for the singer.

1956 maggio

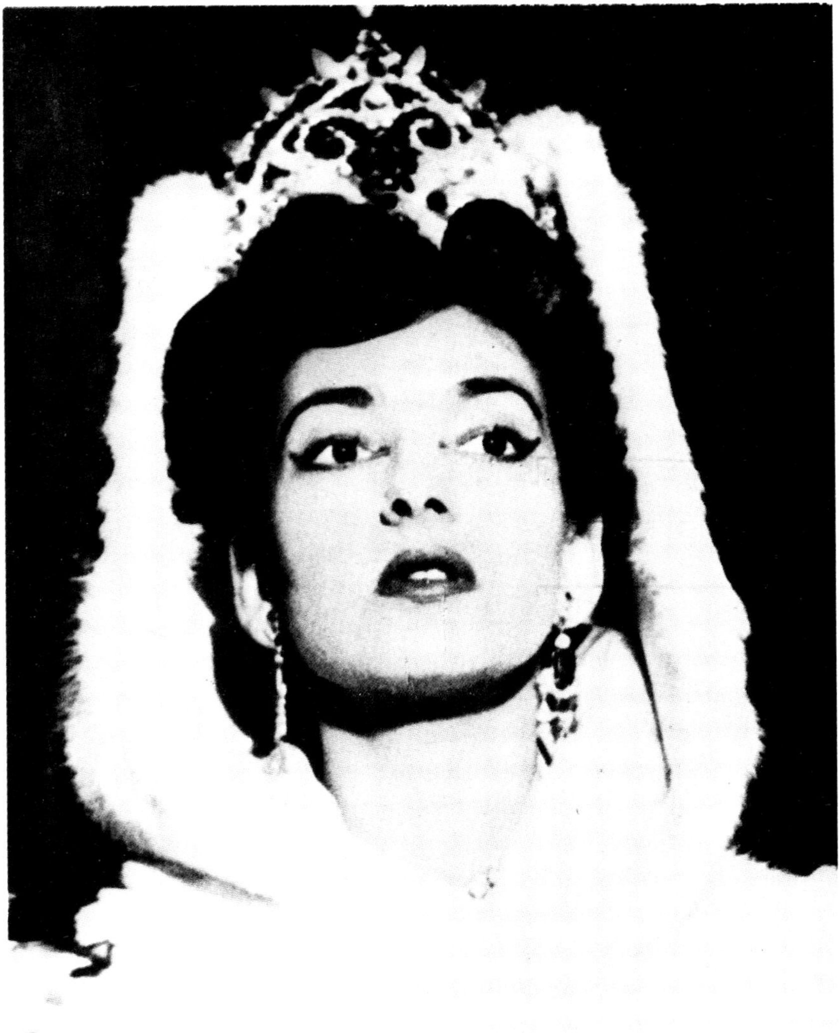

Fedora (Giordano)

Maria Callas nelle vesti della principessa Fedora Romazov. Il volto affilato e l'estrema tensione riassumono la partecipazione al dramma della grande cantante.

May 1956, Fedora (Giordano)

Maria Callas in the part of Princess Fedora Romazov. The gaunt features and extreme tension sum up the great singer's involvement in the drama.

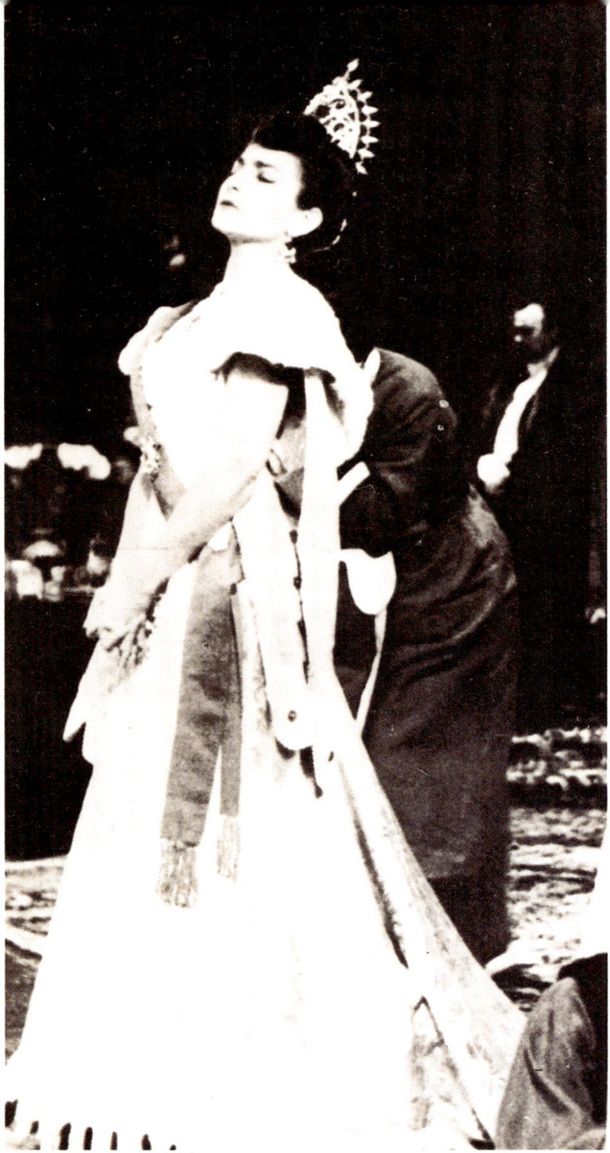

Anna Bolena (Donizetti)

Il sodalizio Callas-Visconti, complici Giulietta Simionato e lo scenografo N. Benois, con Gavazzeni sul podio produsse un nuovo prodigio. La Scala esplose di entusiasmo. La serata raggiunse il massimo di clima magico. I duetti Anna-Seymour furono di quelli destinati alla Storia.

1957 aprile

April 1957, Anne Boleyn (Donizetti)

The Callas-Visconti partnership, along with Giulietta Simionato, the stage designer N. Benois, and Gavazzeni conducting, produced a new prodigy. La Scala roared its enthusiasm and the evening reached the heights of magical atmosphere. The duets with Anne and Jane Seymour were to go down in history.

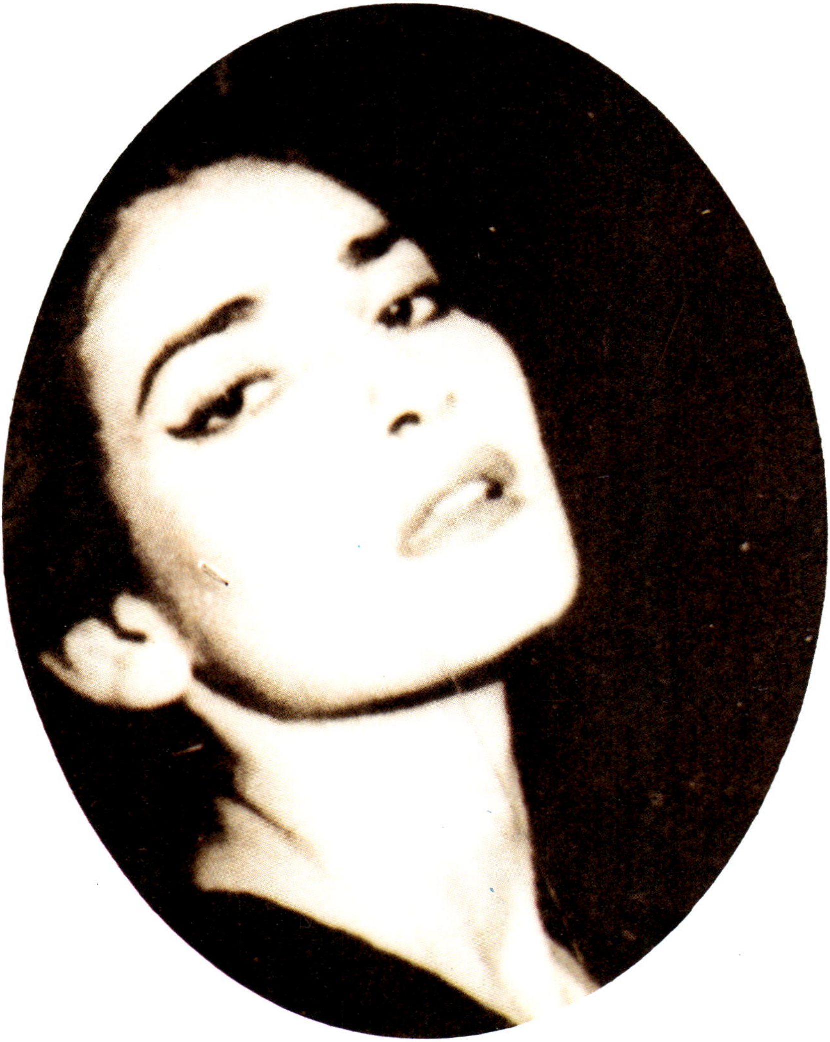

Anna Bolena (Donizetti)

L'intensità tragica dello sguardo di Maria Callas suggerisce l'avvicinarsi del tragico momento in cui Enrico VIII deciderà di liberarsi della moglie. Mai regina di palcoscenico fu tanto regina.

April 1957, Anne Boleyn (Donizetti)

The tragic intensity of Callas' expression suggests the approach of the dramatic moment in which Henry VIII decides to rid himself of his wife. Never before did the stage have such a queen as this.

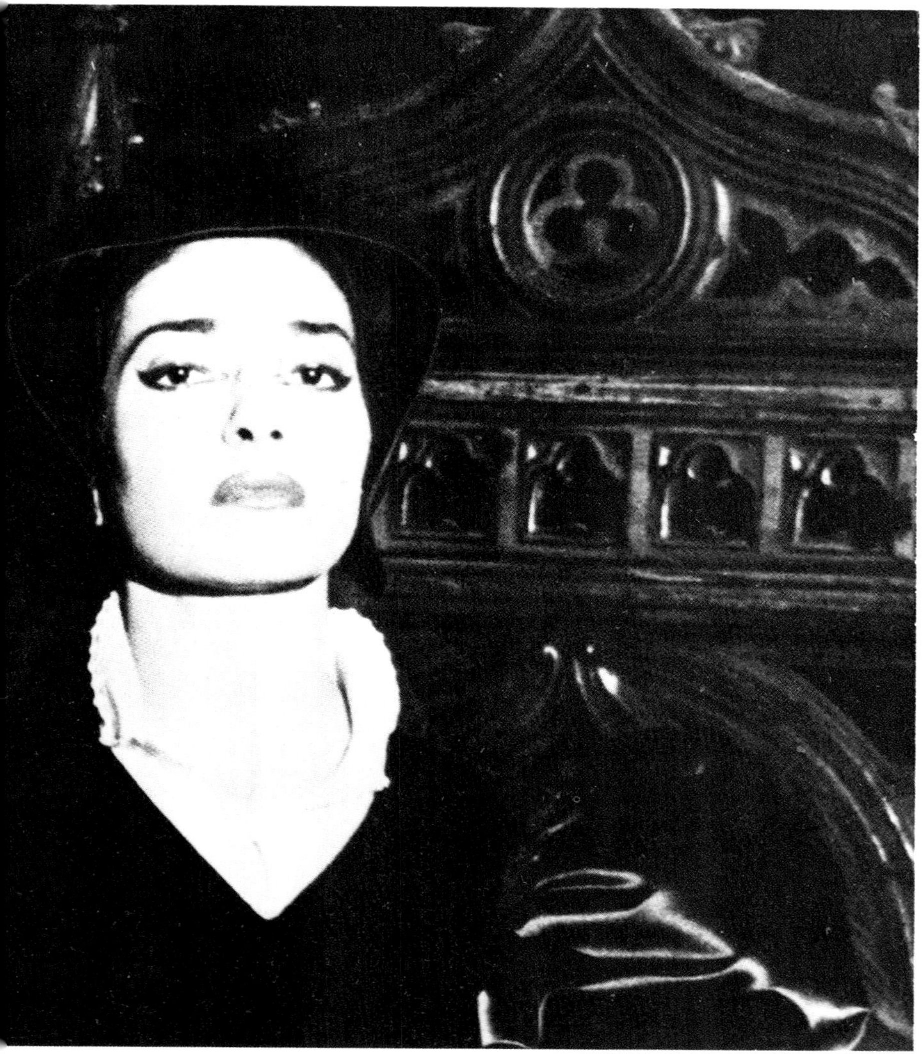

Visconti regista e Benois scenografo allestirono l'opera alla Scala in puro stile tiepolesco spostando in un fastoso settecento veneto la vicenda classica. Duole che questa edizione straordinaria abbia retto il palcosenico solo per quattro recite, tutte incentrate sulla Callas in un contesto di valore discutibile per orchestrazione e voci.

June 1957, Ifigenia in Tauride (Gluck)

Visconti directing and Benois designing the sets, put on the opera at La Scala in pure Rococo style, transporting the classical tale to a splendid 18th-century Venetian setting. It was unfortunate that this unprogrammed run went on for only four performances, all focussed on Maria Callas who sang in a context of arguable merit as regards orchestration and voices.

1957 giugno

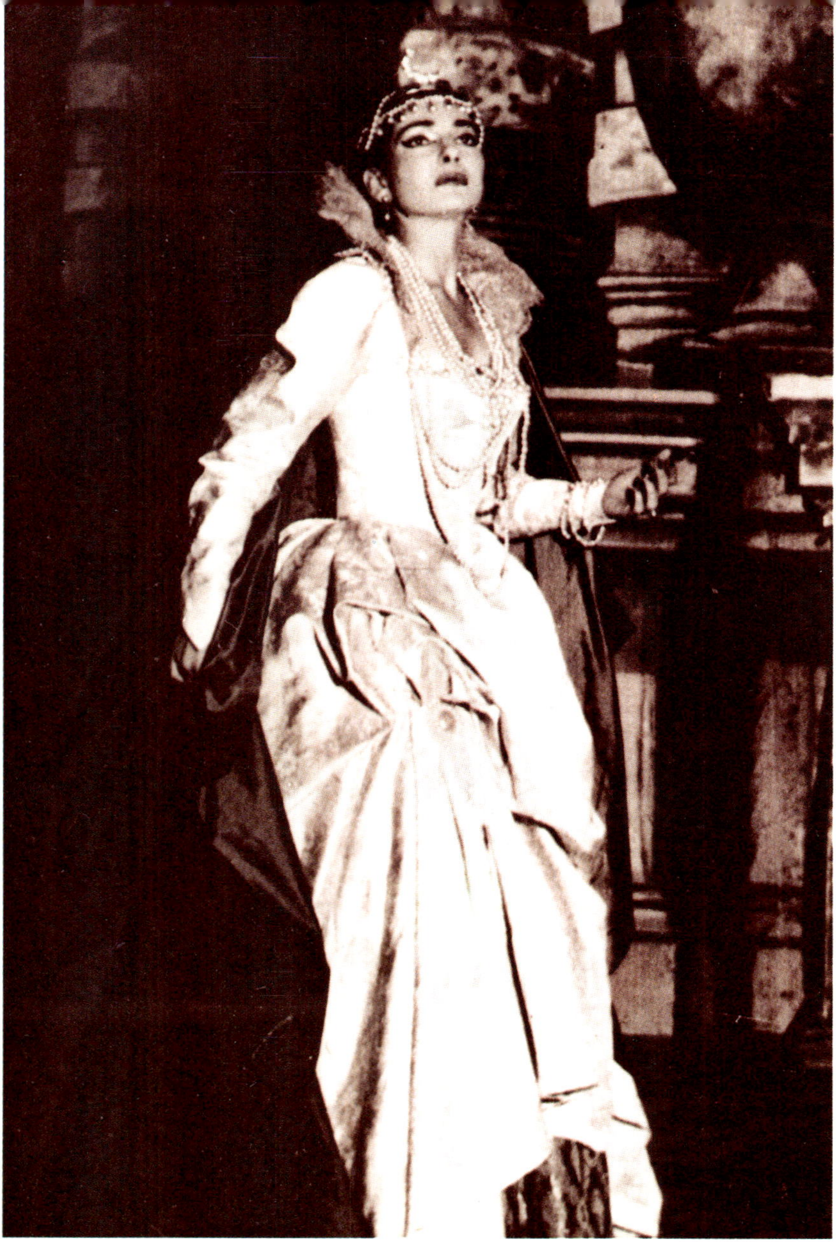

Ballo in Maschera (Verdi)

Inaugurazione solenne alla Scala, diretta da Gavazzeni e con Di Stefano, Simionato e Bastianini. Si doveva aprire con Trovatore, ma Del Monaco non volle cantare con la Callas. Scene e costumi di Benois si fecero applaudire a scena aperta. La Callas venne definita scenicamente svettante.

December 1957, Ballo in Maschera (Verdi)

A solemn opening of the season at la Scala, Gavazzeni conducting and with Di Stefano, Simionato and Bastianini. Trovatore was to have been the inaugurating opera, but Del Monaco did not want to sing with Callas. Scenes and costumes were greeted with applause when the curtain rose. Maria Callas was defined as being the most outstanding personality on the operatic stage.

1957 dicembre

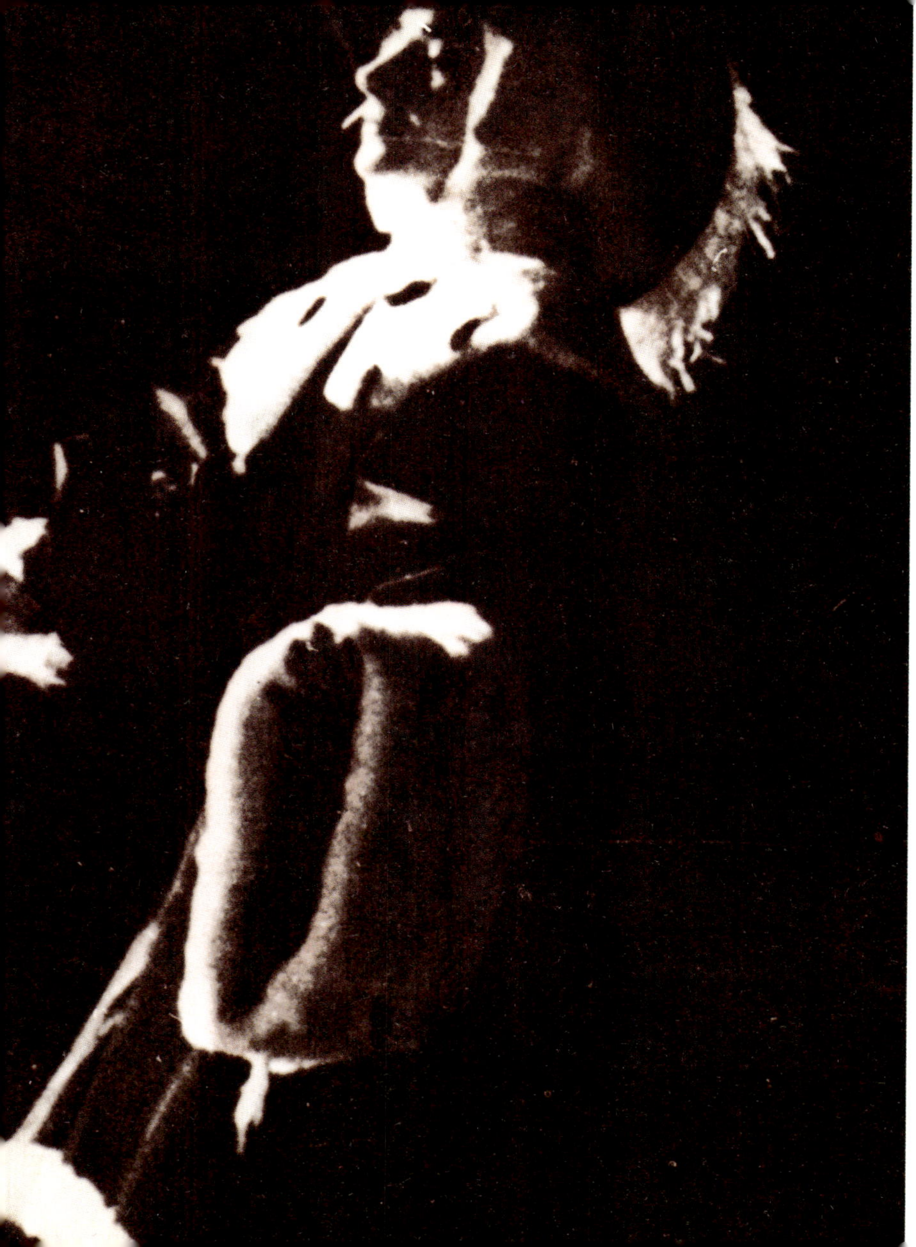

Ballo in maschera (Verdi)

Maria Callas in un intervallo del Ballo in compagnia del Sovrintendente alla Scala Antonio Ghiringhelli.

December 1957, Ballo in Maschera (Verdi)

Maria Callas during an interval of Ballo in Maschera, with the superintendent of La Scala, Antonio Ghiringhelli.

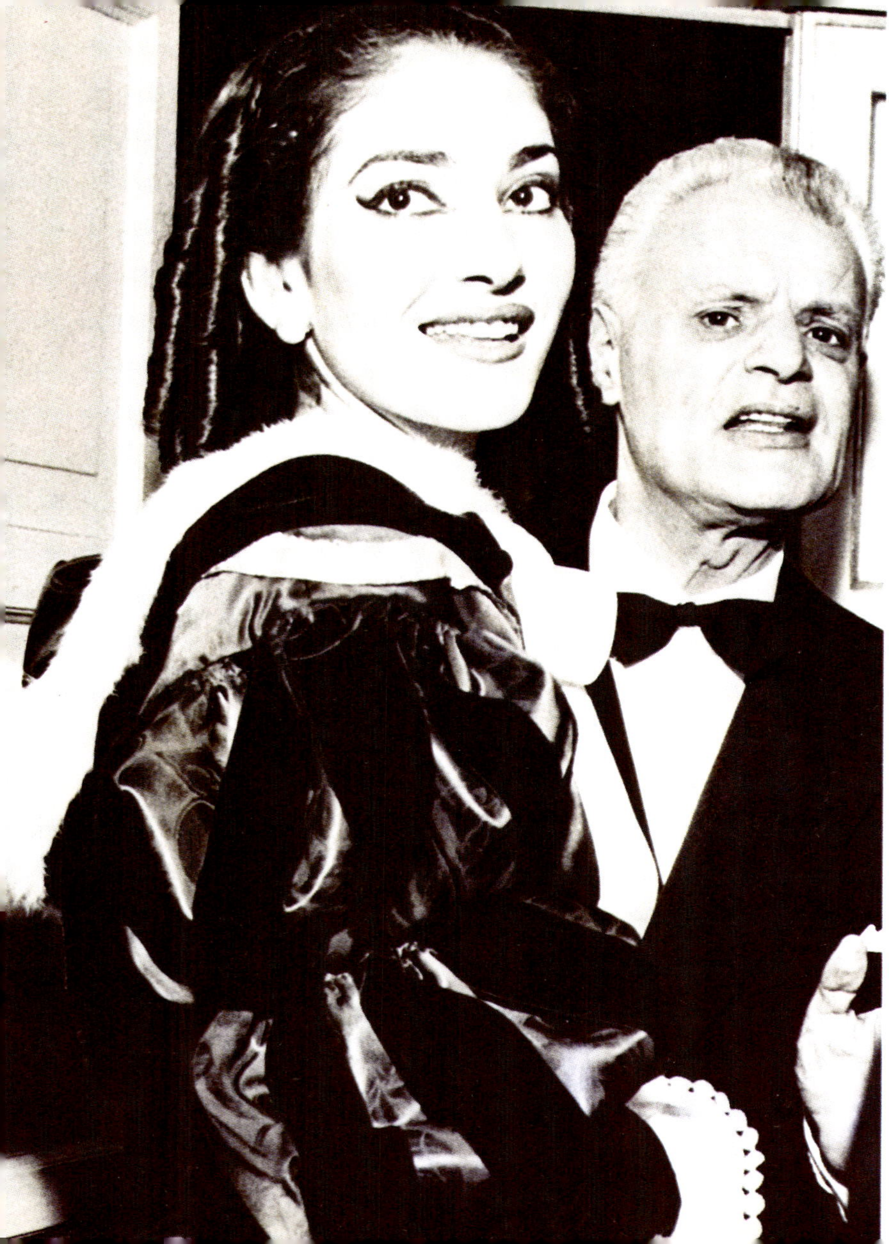

Norma (Bellini)

Sulla Norma interrotta all'Opera di Roma dopo il primo atto si è detto e scritto molto e troppo. La Callas stava male, ma fu accusata di fare i capricci e di aver mandato a letto il Presidente della Repubblica Gronchi. Le registrazioni del tempo fanno sentire chiaramente la voce non in ordine della Callas. Nelle repliche subentrò l'ottima Anita Cerquetti.

January 1958, Norma (Bellini)

A great deal, too much has been said and written about the Norma *at the Rome Opera, interrupted after the first Act. Maria Callas was unwell, but was accused of capriciousness and of having purposely sent Gronchi, the Italian President, home early. Contemporary records clearly indicate that Callas' voice was not on form. She was replaced by the excellent Anita Cerquetti for the other performances.*

1958 gennaio

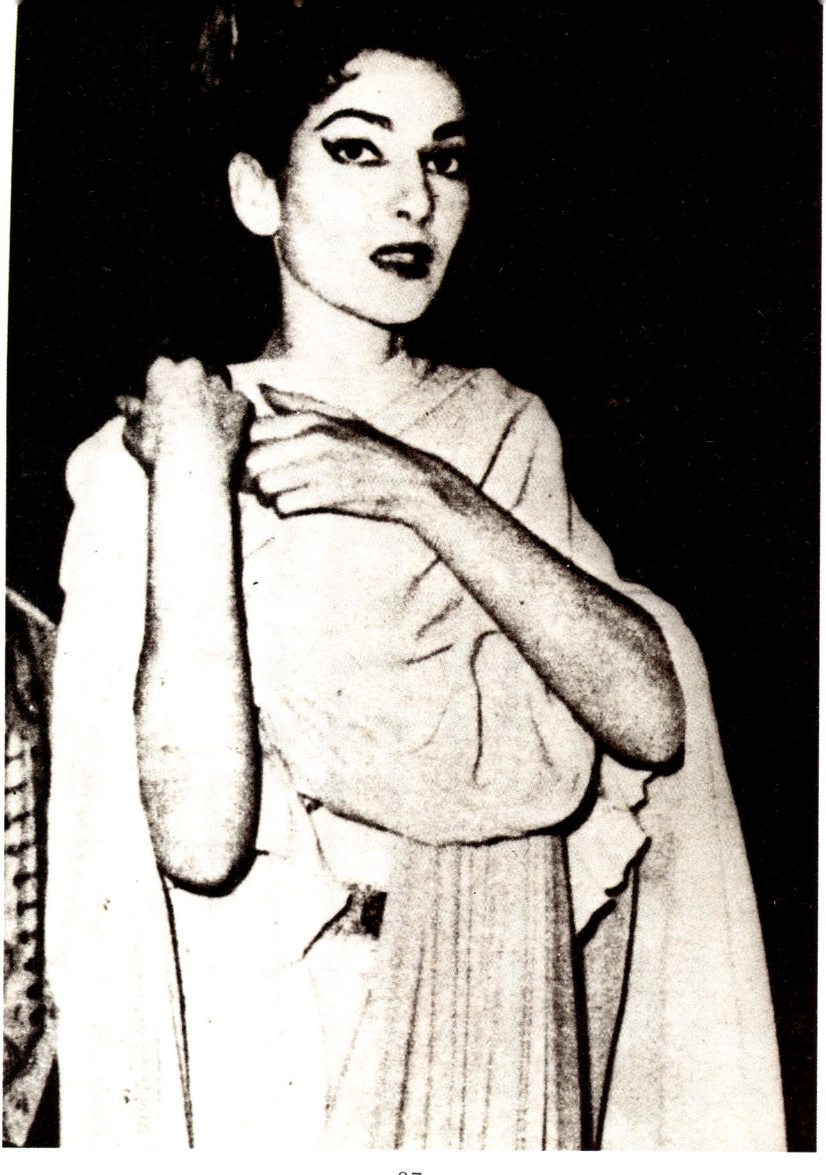

Pirata (Bellini)

Il personaggio di Imogene sembrava fatto su misura per la Callas, dolce, drammatica, commovente. Tutte le corde di un'arpa sono contemplate in questo ruolo che dopo tanto tempo la Scala volle riproporre. L'opera fu quasi un'addio al Teatro milanese e solo nel 1960 la Callas tornerà per Poliuto.

May 1958, Pirata (Bellini)

The part of Imogene seemed to have been written expressly for Maria Callas: gentle, dramatic, moving. The role seems to range through all the strings of a harp: it was the first time for many years that La Scala had produced the opera. For Callas, it was almost a farewell to the Milanese opera house: she returned only once more, in 1960 for Poliuto.

1958 maggio

89

Pirata (Bellini)

Con la Callas cantarono Corelli e Bastianini, un ottimo sodalizio destinato a riunirsi ancora due anni dopo. Qui Maria ringrazia il pubblico alla fine della recita, ma sembra ancora immersa nel dolce delirio del finale dell'opera.

May 1958, Pirata (Bellini)

With Callas sang Corelli and Bastianini, an excellent partnership that was to work again, two years later. In the photograph, Maria Callas thanks the audience at the end of the performance, but she seems still immersed in the gentle delirium of the opera's finale.

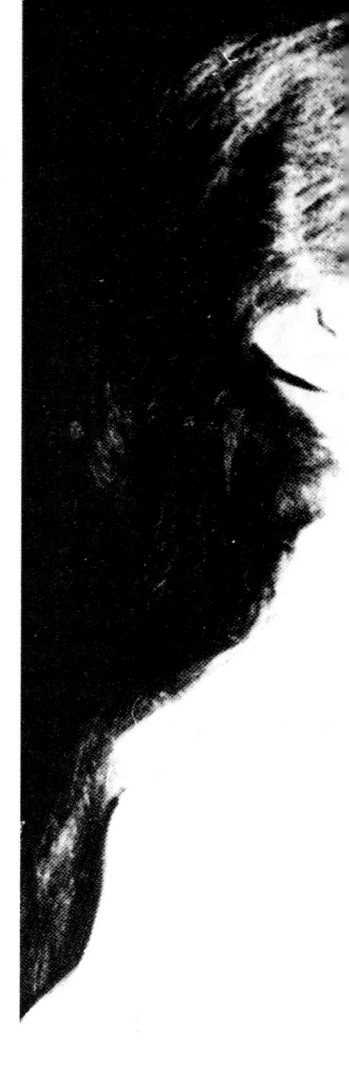

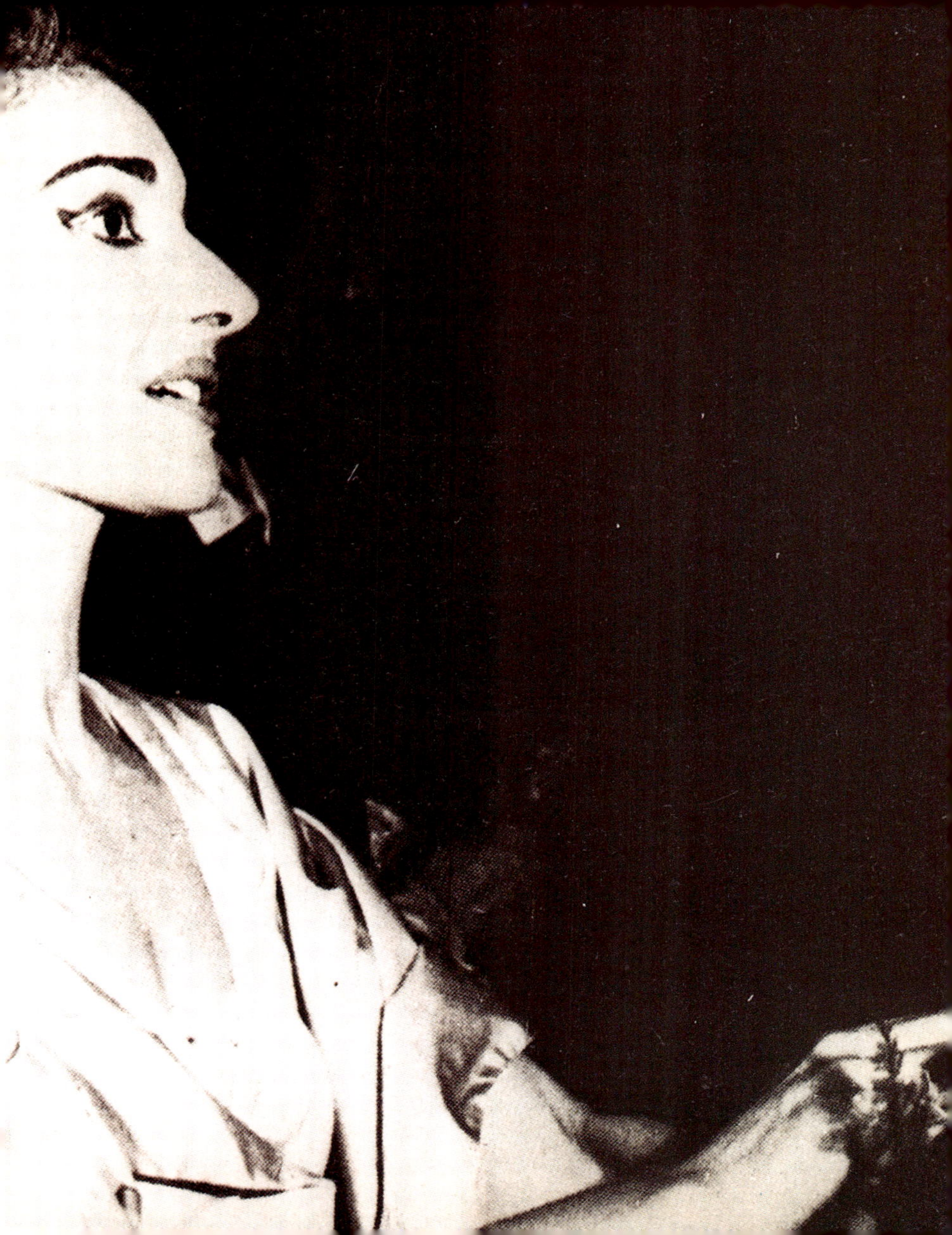

Traviata (Verdi)

Chiuso per il momento il rapporto con la Scala, la Callas si trasferì a Londra per Traviata, con C. Valletti e M. Zanasi. L'accoglienza fu eccezionale, in quest'occasione si vide una Traviata nuova rispetto a quella di Visconti, più che mai grande dama con problemi interiori ben valutati ed espressi.

June 1958, Traviata (Verdi)

As connections with La Scala were severed for the moment, Callas moved to London for Traviata, with C. Valletti and M. Zanasi. Reception was exceptional: the occasion presented a new Traviata with respect to that of Visconti, more than ever a great noblewoman with profound problems, well-judged and brilliantly expressed.

1958 giugno

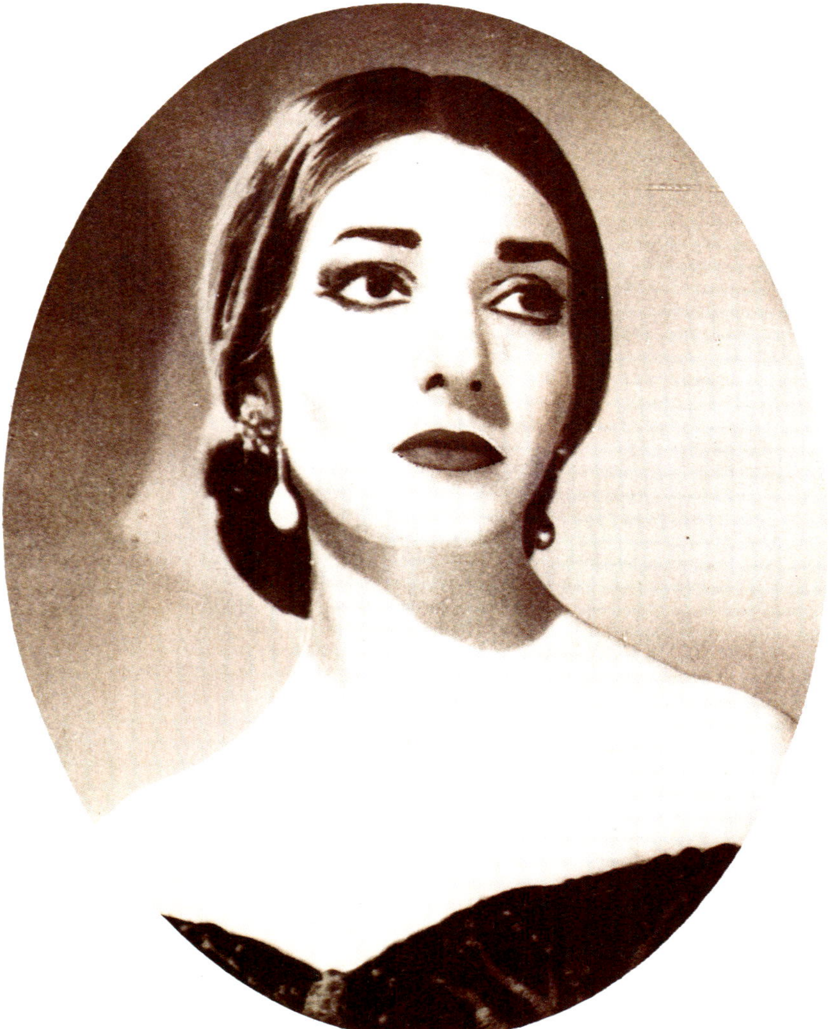

1959 giugno

Medea (Cherubini)

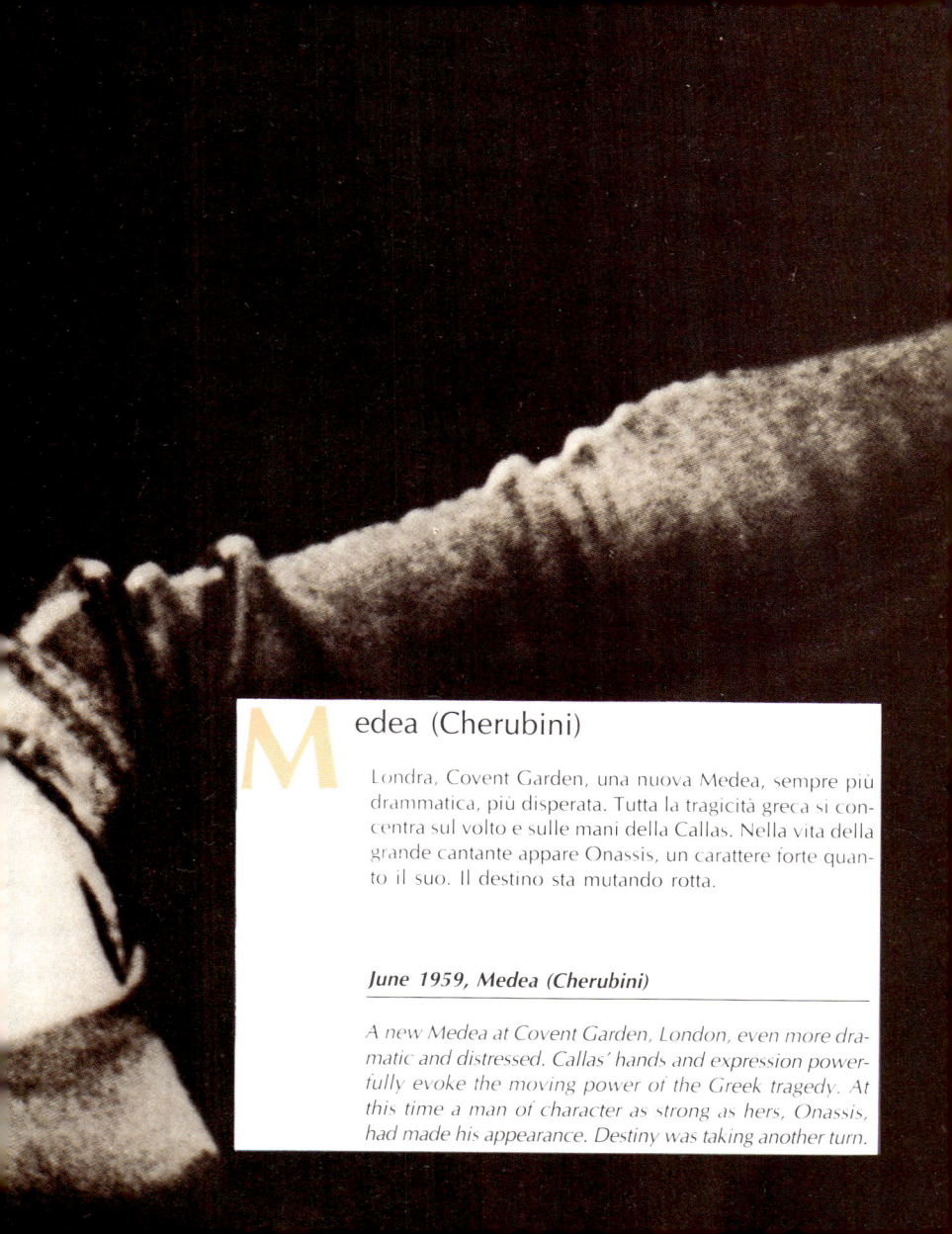

Londra, Covent Garden, una nuova Medea, sempre più drammatica, più disperata. Tutta la tragicità greca si concentra sul volto e sulle mani della Callas. Nella vita della grande cantante appare Onassis, un carattere forte quanto il suo. Il destino sta mutando rotta.

June 1959, Medea (Cherubini)

A new Medea at Covent Garden, London, even more dramatic and distressed. Callas' hands and expression powerfully evoke the moving power of the Greek tragedy. At this time a man of character as strong as hers, Onassis, had made his appearance. Destiny was taking another turn.

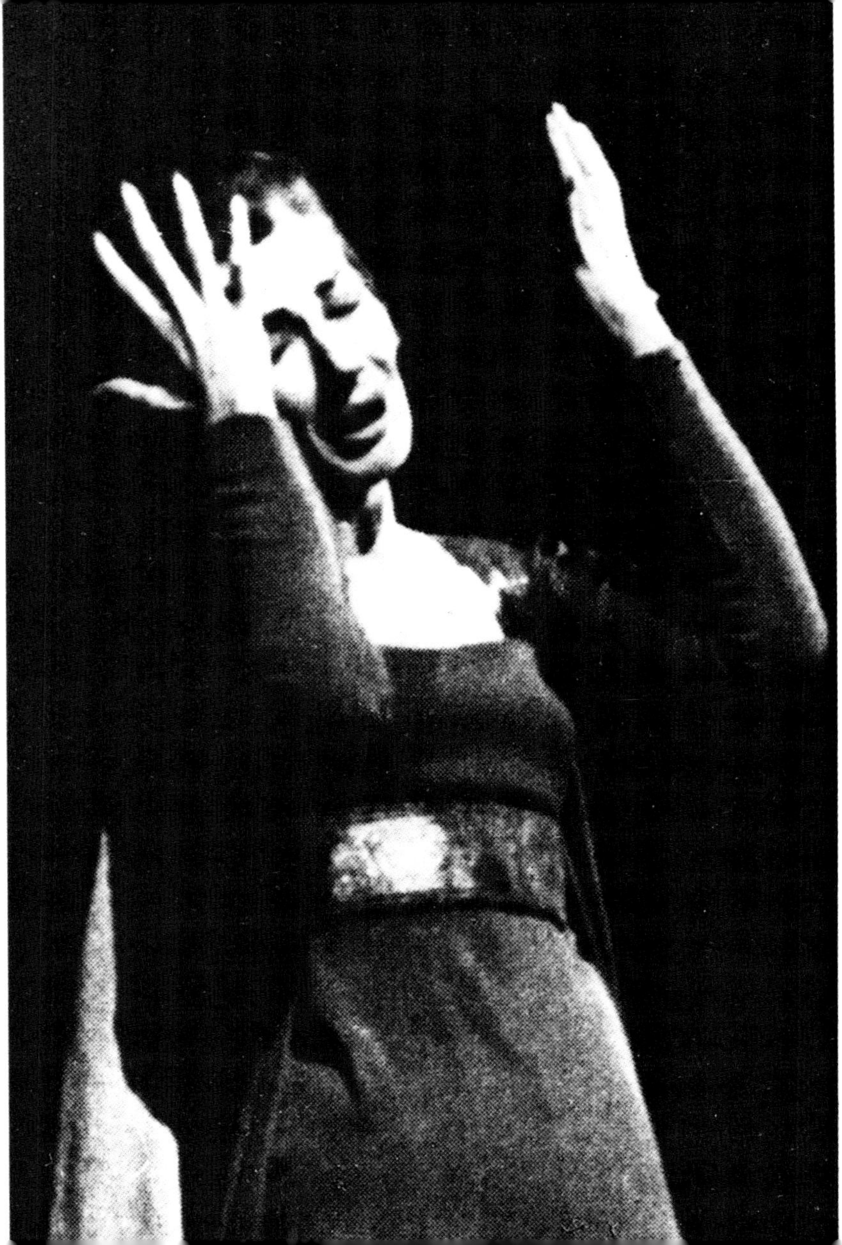

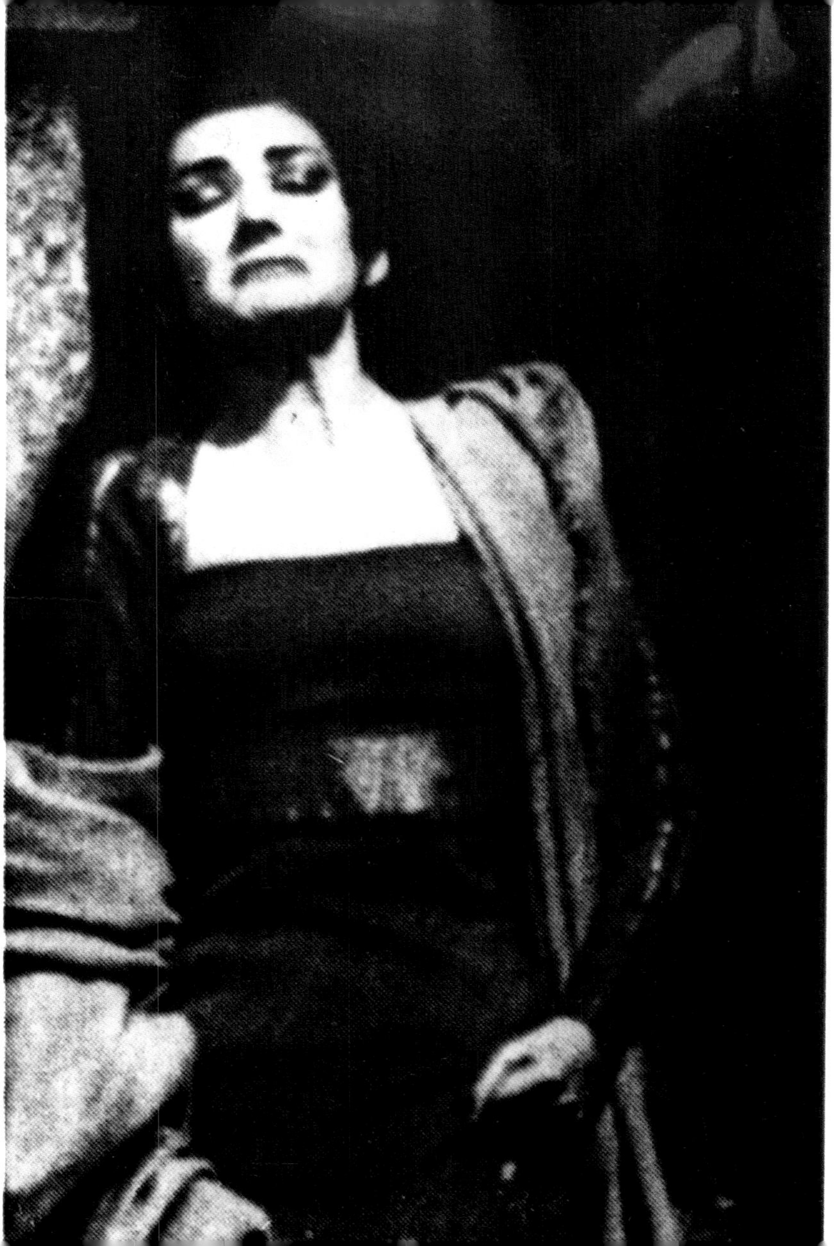

Poliuto (Donizetti)

Apertura della Scala. Paolina fremente e dolcissima, elegantissima, sola fra le gigantesche architetture pensate da Nicola Benois. Il ritorno alla Scala della Callas fu salutato con un entusiasmo che rasentò il fanatismo. Tutto venne vivisezionato da critici ed ipercritici, ma al di là di tutto la Callas trionfò con Corelli e Bastianini, ad onta di alcuni problemi di usura nella voce.

December 1960, Poliuto (Donizetti)

The opening of the season at La Scala. Callas sang Paolina, trembling, gentle, graceful, alone in a setting of monumental architecture designed by Nicola Benois. Her return to La Scala was greeted with enthusiasm that verged on fanatism. The performance was minutely examined by overly-critical critics: notwithstanding everything Callas triumphed along with Corelli and Bastianini, even though she had some problems with her voice.

1960 dicembre

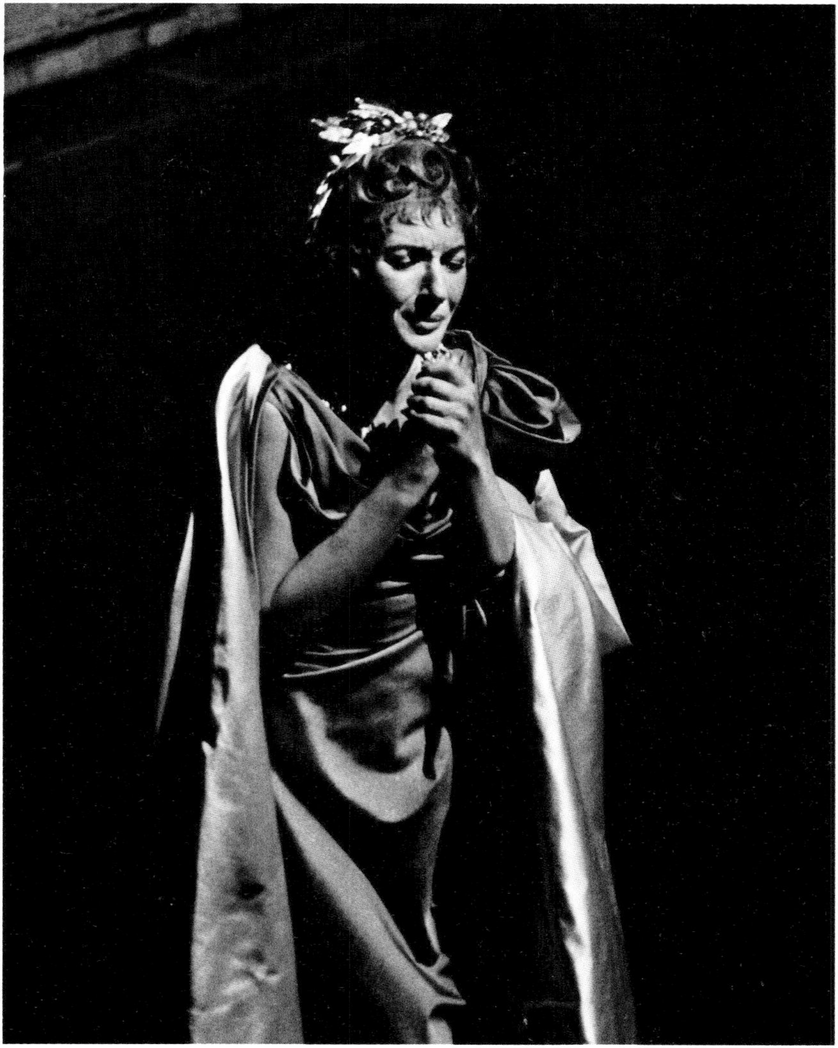

Poluito (Donizzetti)

La Scala non aveva dimenticato la sua regina e lei sentì l'affetto del suo pubblico e fece miracoli. La serata, oltre che musicale, fu molto mondana e il teatro venne decorato con sedicimila garofani rosa. La recita, cosa inusitata, cominciò con ben sei minuti di ritardo.

December 1960, Poluito (Donizetti)

La Scala had not forgotten their "primadonna" and Callas, perceiving the audience's warmth, performed miracles. As well as being musically exceptional, the evening was also of great affluence, and the theatre was decorated with sixteen thousand pink carnations. Unusually, the performance began six minutes late.

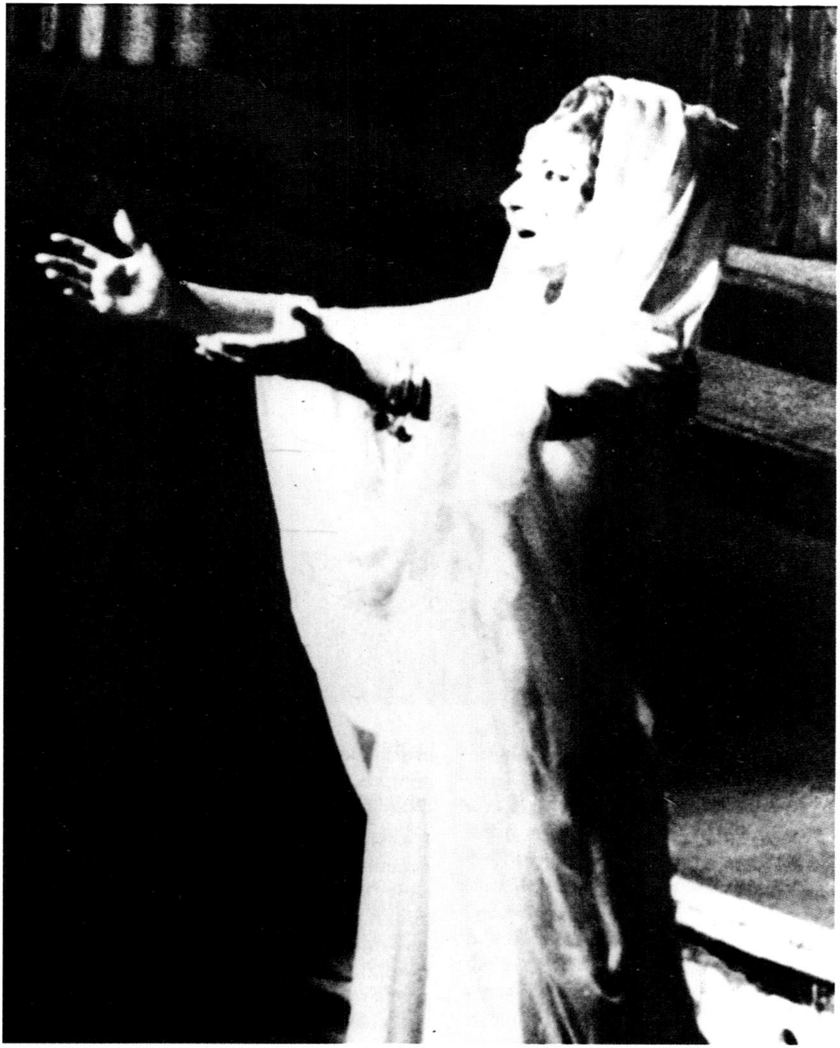

Medea (Cherubini)

Fu questa l'ultima ripresa scaligera di Medea, con Vickers, Simionato e Ghiaurov diretti da Thomas Schippers. Iniziate le recite in dicembre, vennero riprese in maggio e la Callas apparve in ottima forma e grande attrice tragica. Entrò in scena come una tigre ferita, ma indomabile, pronta ad affrontare qualsiasi evento. Si scrisse allora che parlare della Callas come Medea equivaleva a camminare sui carboni ardenti.

December 1961, Medea (Cherubini)

This was the last run of Medea *at La Scala, with Vickers, simionato ad Ghiaurov, conducted by Thomas Schippers. Performances began in December and were resumed in May. Maria Callas was in top form, demonstrating her enormous talents as a tragic actress. Her entrance was that of a wounded, though indomitable tigress, ready to face anything. It was written that "to speak of Callas in the part of Medea was like walking on glowing coals".*

1961 dicembre

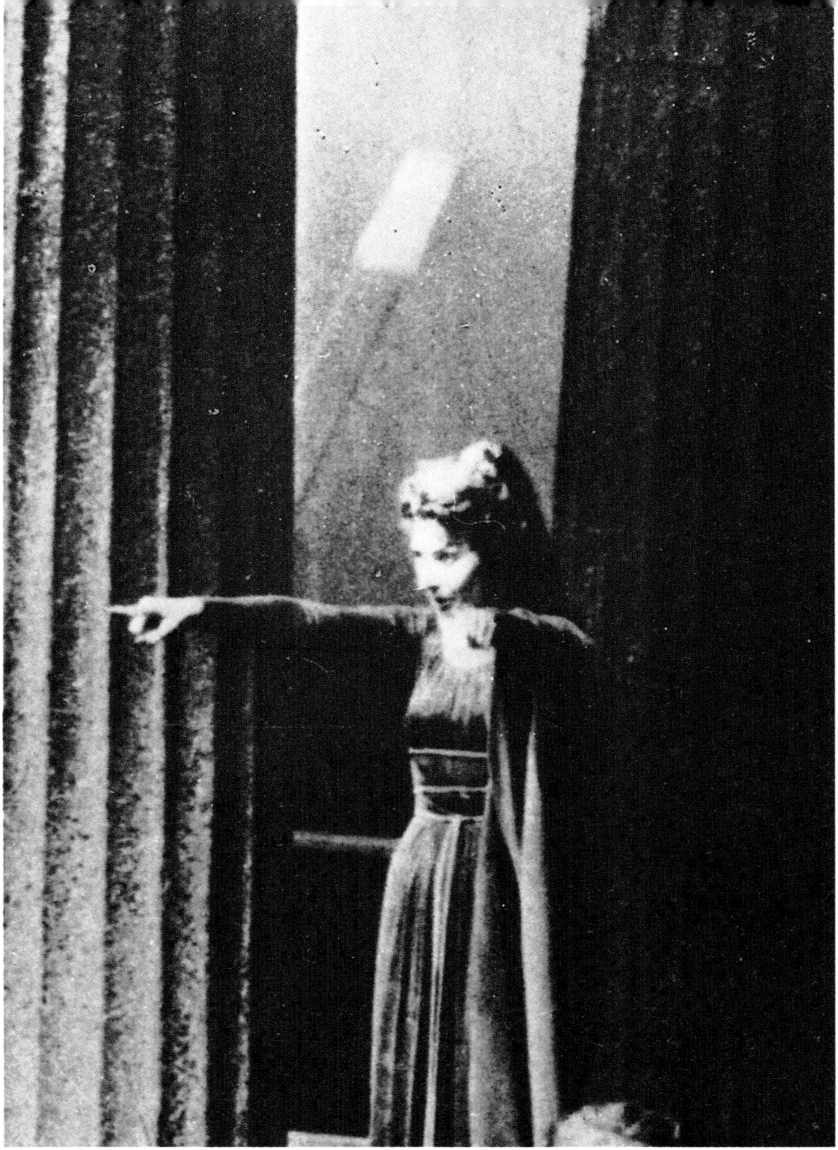

Medea (Cherubini)

Ogni movimento in scena di Medea, sempre stilizzato e contenuto, era un impatto per il pubblico e tutte le recite si svolsero in un clima di spasmodica tensione emotiva. Mai nessun artista si era tanto immedesimato con il ruolo e la Callas resterà Medea per antonomasia.

December 1961, Medea (Cherubini)

Every movement on stage in Medea, stylized and restrained, made an impression on the audience: all the performances created an atmosphere of spasmodic emotional tension. No other performer had so completely entered into the spirit of the part: Maria Callas will always be identified with Medea.

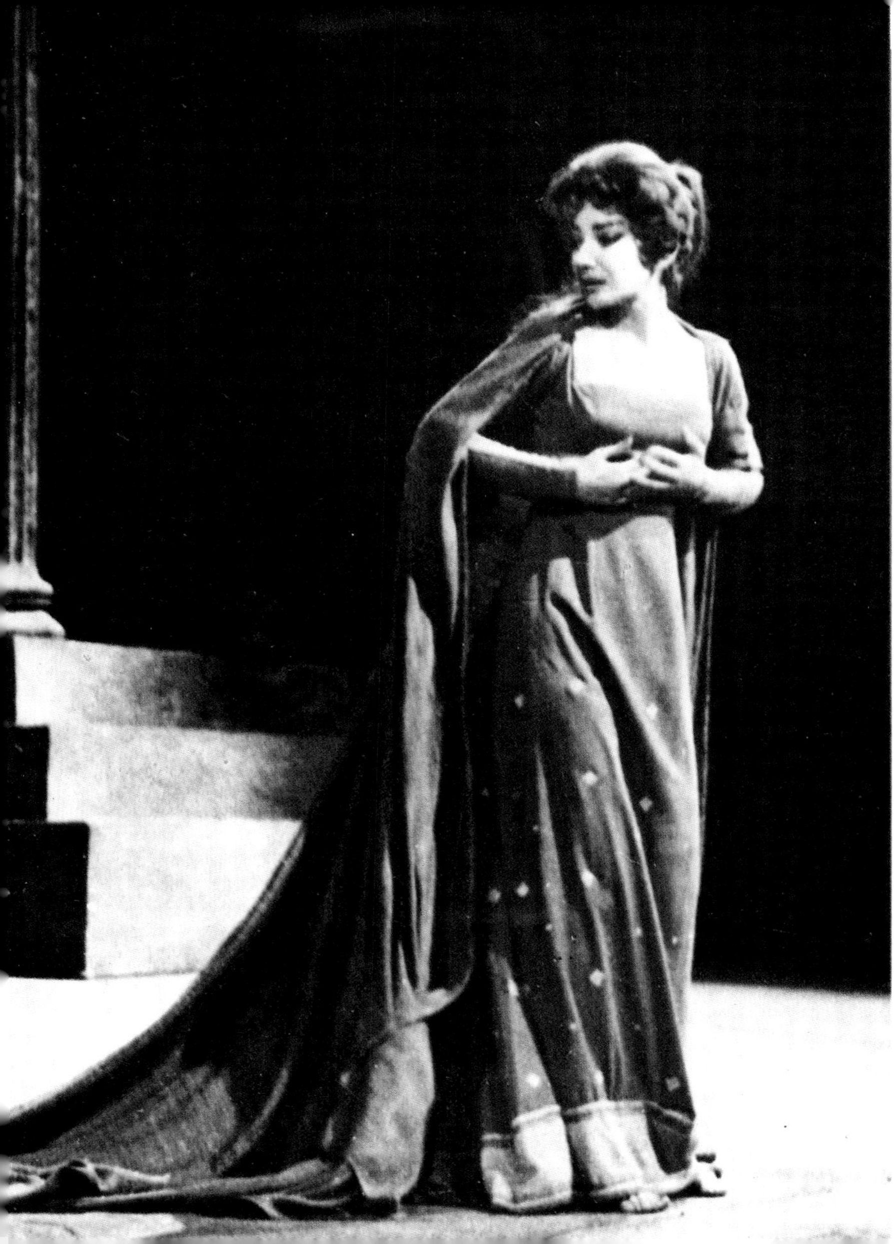

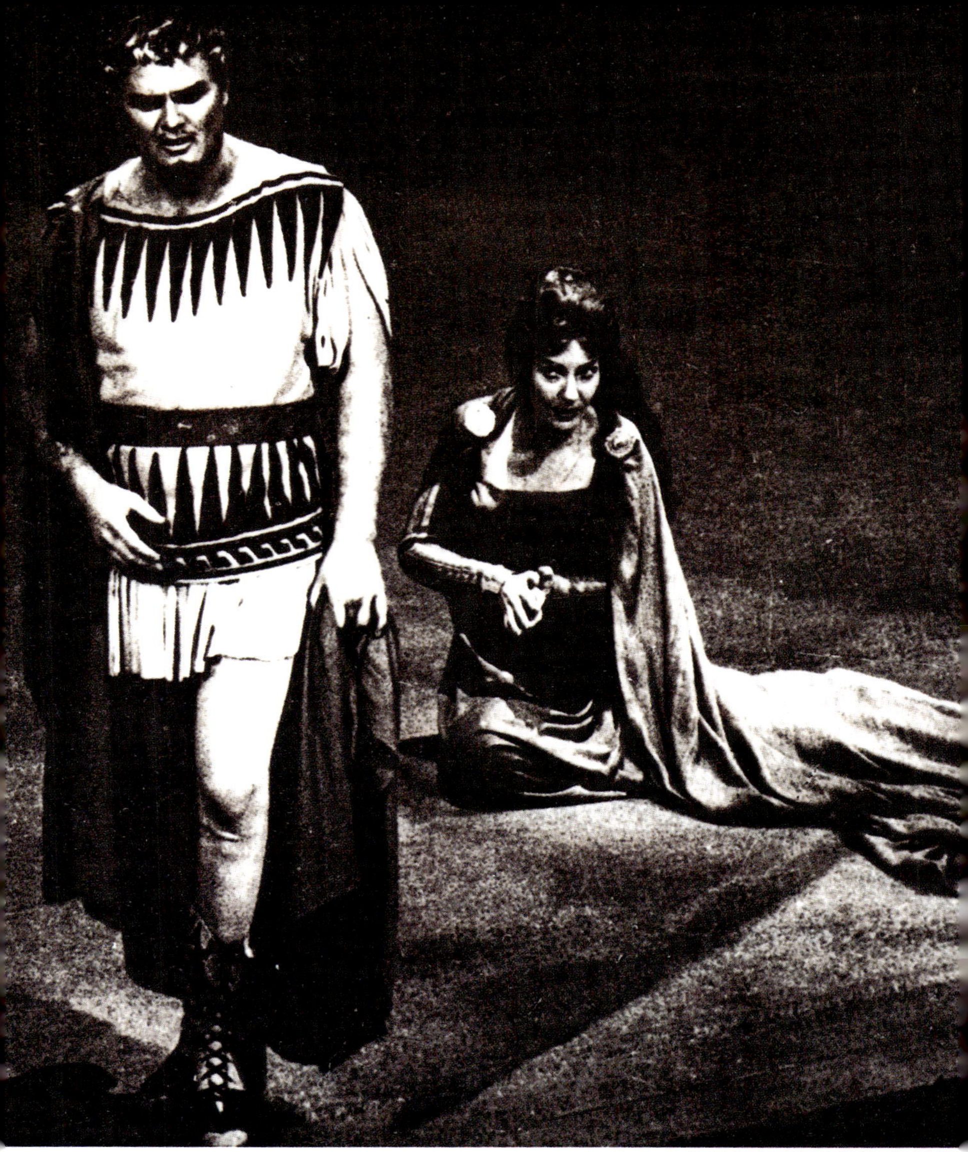

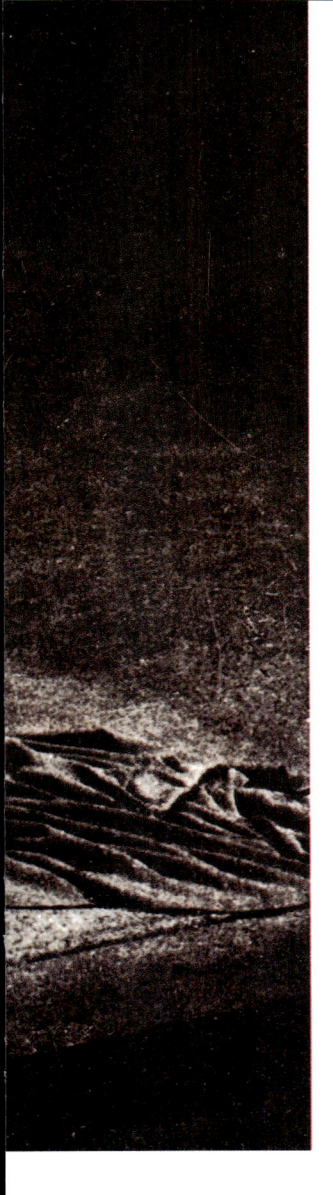

Medea (Cherubini)

Tragica ed assorta, Maria-Medea ascolta le voci di un destino in agguato e già deciso.
L'ira, la gelosia, l'amore la portano a minacciare Giasone, ma a nulla vale, perché tutto è finito e compiuto.
La tragedia sta per compiersi e la Callas diviene tenerissima madre prima di trasformarsi in assassina vendicativa.

December 1961, Medea (Cherubini)

Tragic, self-engrossed, Maria-Medea listens to the voice of destiny. Anger, jealousy and love induce her to threaten Jason, but to no effect as by now her fate has been sealed.
The tragedy is reaching fulfilment: Callas becomes a tender mother before turning into a vengeful assassin.

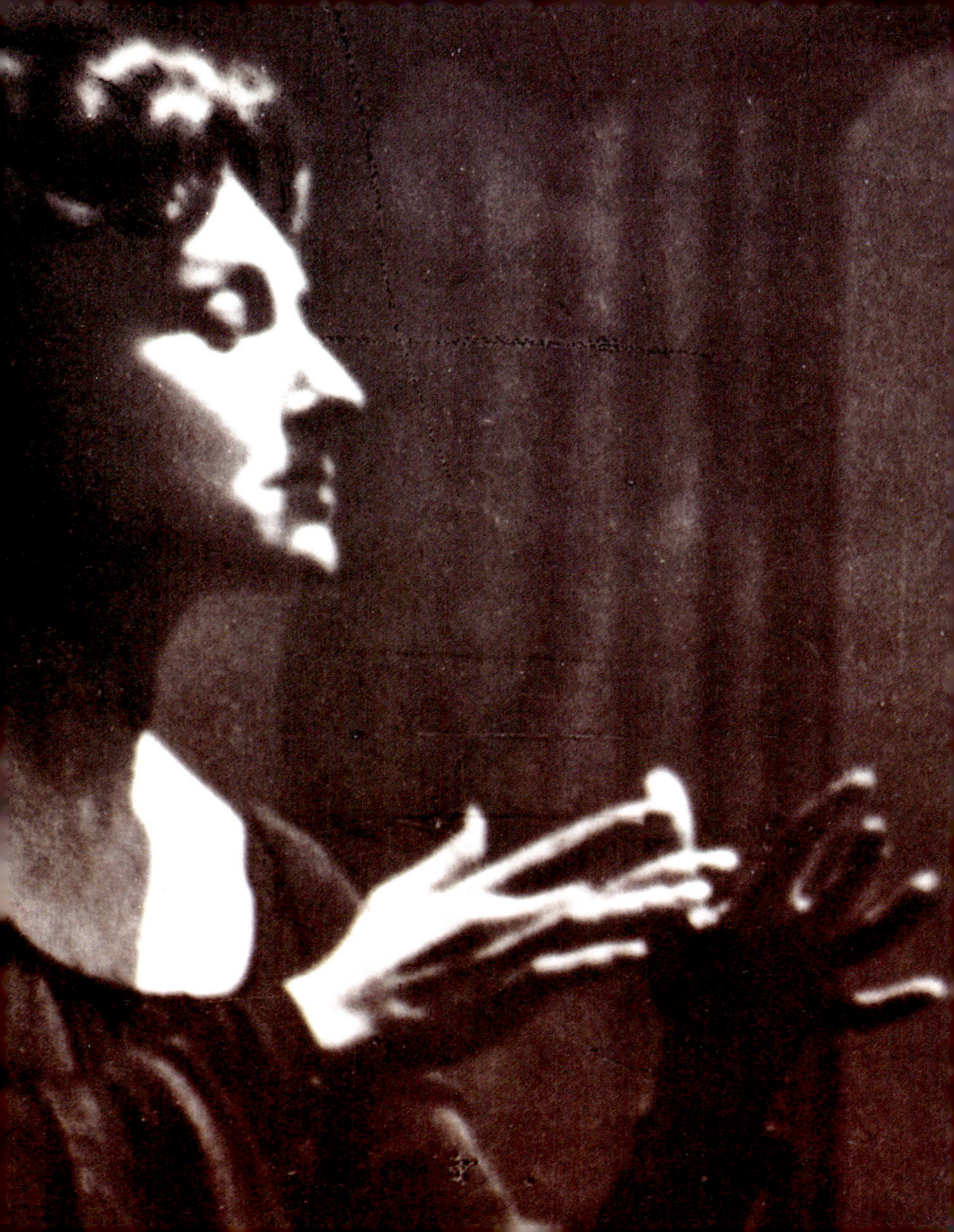

Tosca (Puccini)

Londra e Parigi (1965) ebbero il privilegio di assistere alle memorabili recite di Tosca in cui la Callas aveva al suo fianco il prodigioso Tito Gobbi quale Scarpia e il tenore Renato Cioni. Franco Zeffirelli allestì una regia molto raffinata e la Callas fece faville con il canto e con l'interpretazione dimenticando gli anni passati e i pericoli della "tessitura" vocale.

January 1964, Tosca (Puccini)

London and Paris (1965) had the privilege of witnessing the memorable performances of Tosca, in which Callas had at her side the remarkable Tito Gobbi as Scarpia, and the tenor Renato Cioni. Franco Zeffirelli provided a tasteful direction, and Maria Callas gave a sparkling dramatic and lyrical performance, leaving behind the difficulties of the past years and the dangers of the "vocal texture".

1964 gennaio

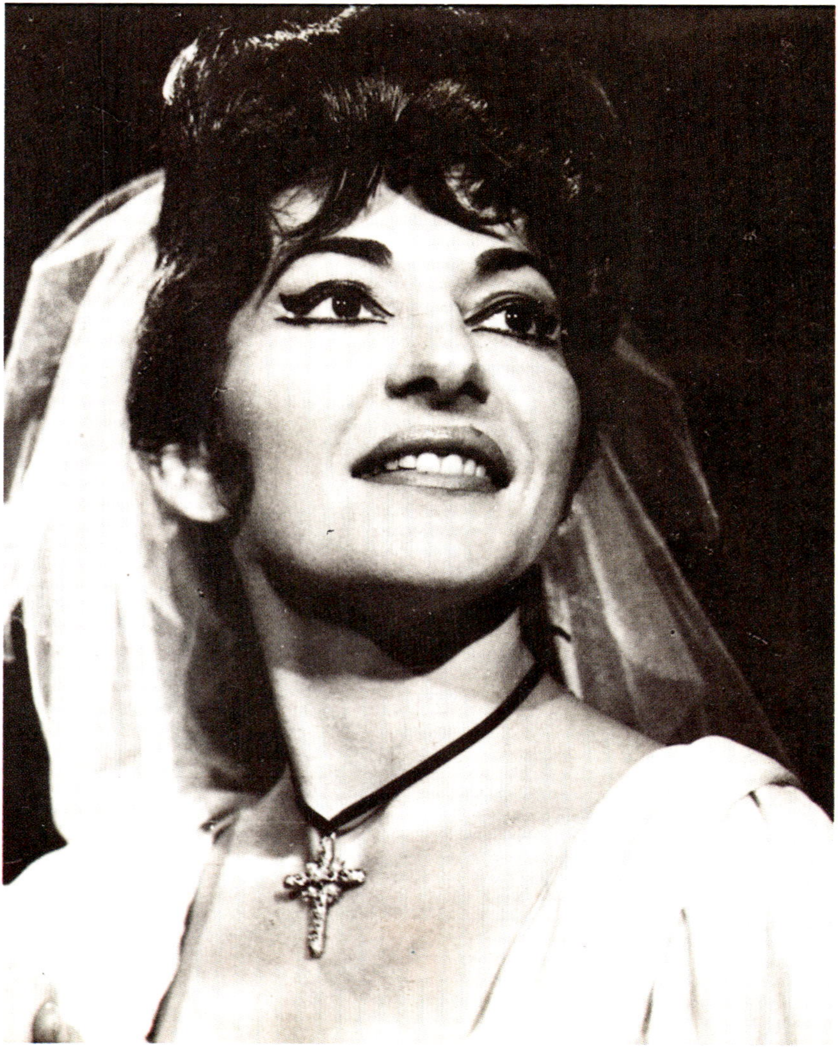

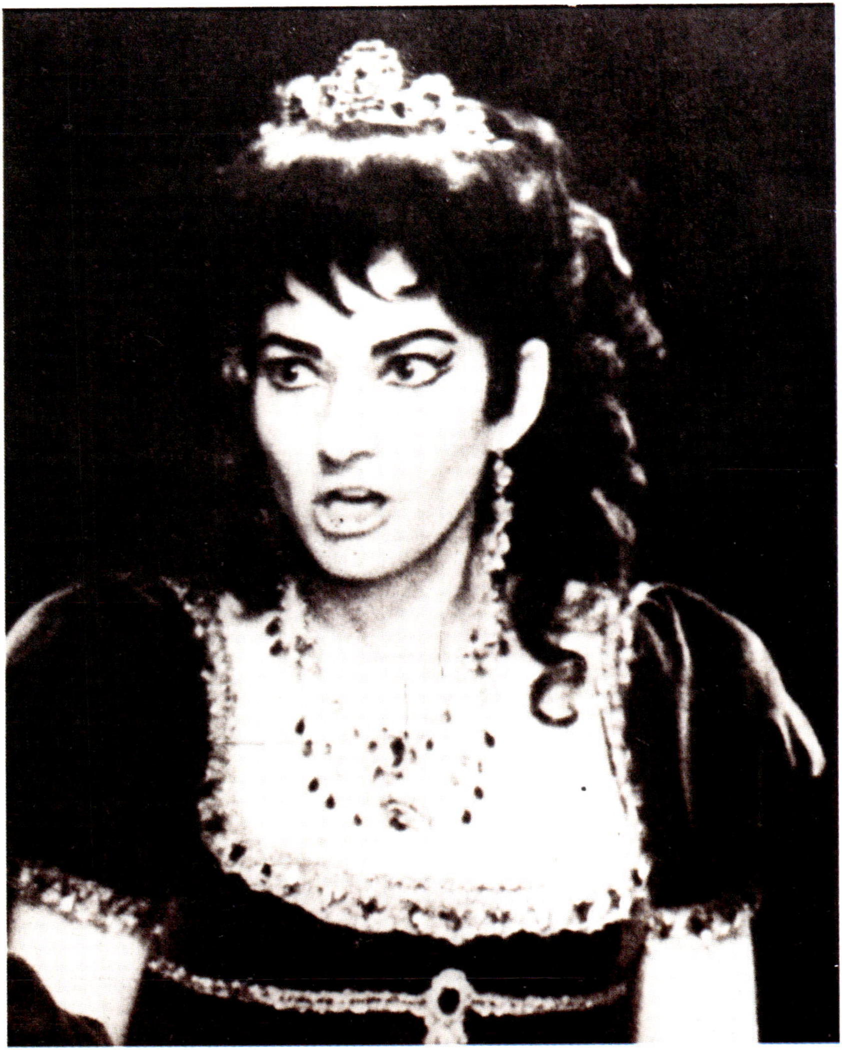

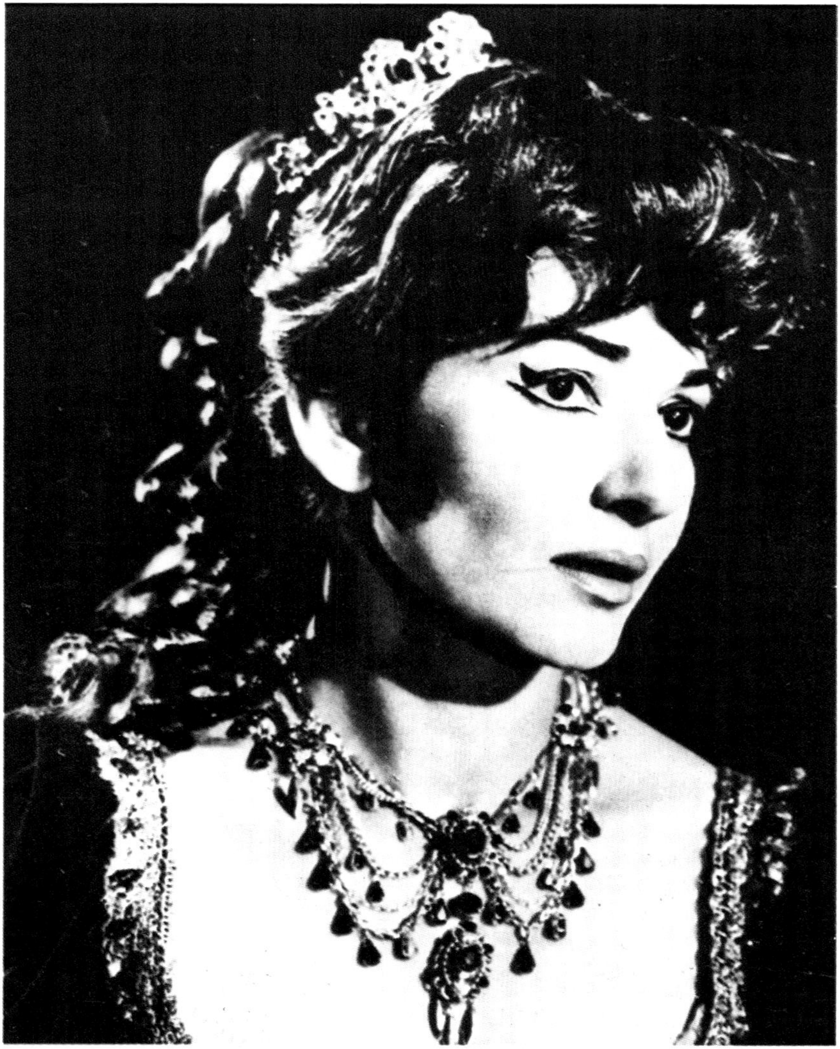

Norma (Bellini)

Serate memorabili ancora, ma anche una tragica in cui, all'Opera di Parigi, la Callas dovette interrompere una recita.
Per due stagioni la Callas cantò diretta da Georges Prêtre avendo alternativamente per compagni Craig, Corelli, Cecchele, la Simionato e la Cossotto, Vinco. Anche quando la Callas cantava con un fil di voce e si risparmiava gli sforzi terrificanti del ruolo, era purtuttavia grande.

1964-65, Norma (Bellini)

Yet more memorable performances, but one terrible evening when Maria Callas had to interrupt her interpretation at the Paris Opera.
For two seasons, conducted by Georges Prêtre, Callas sang with colleagues alternating between Craig, Corelli, Cecchele, Simionato, Cossotto and Vinco. Even when Callas sang in a mere whisper, having to refrain from taking on the most taxing parts of the score, she still produced a performance to be remembered.

1964/65

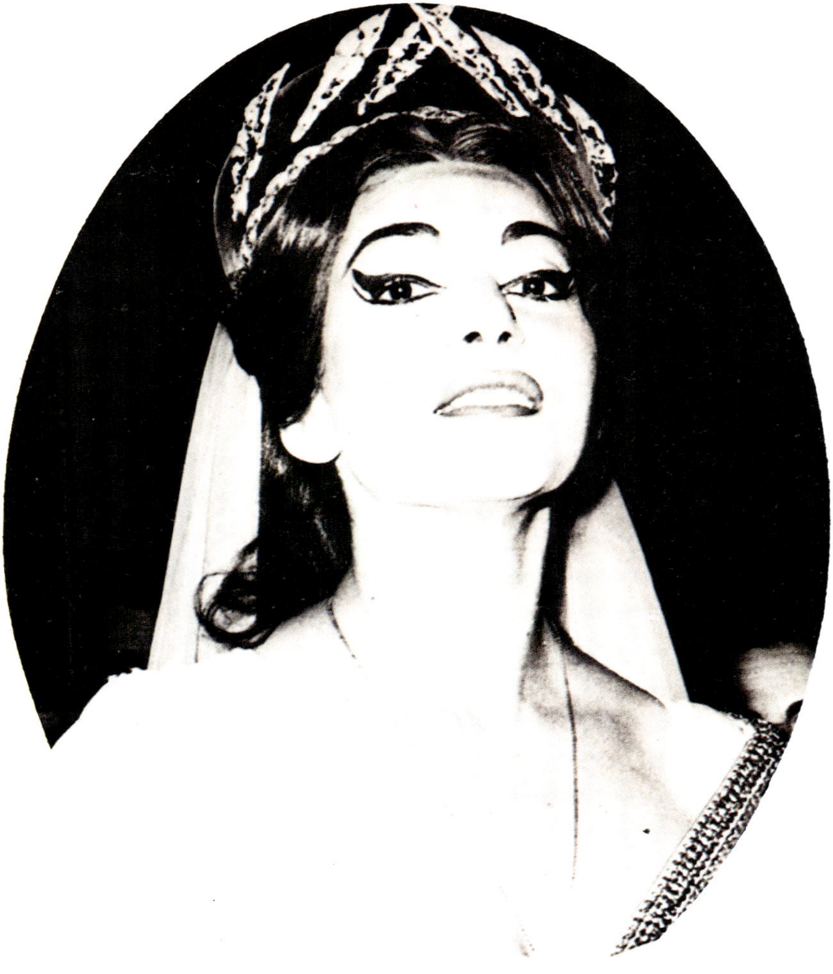

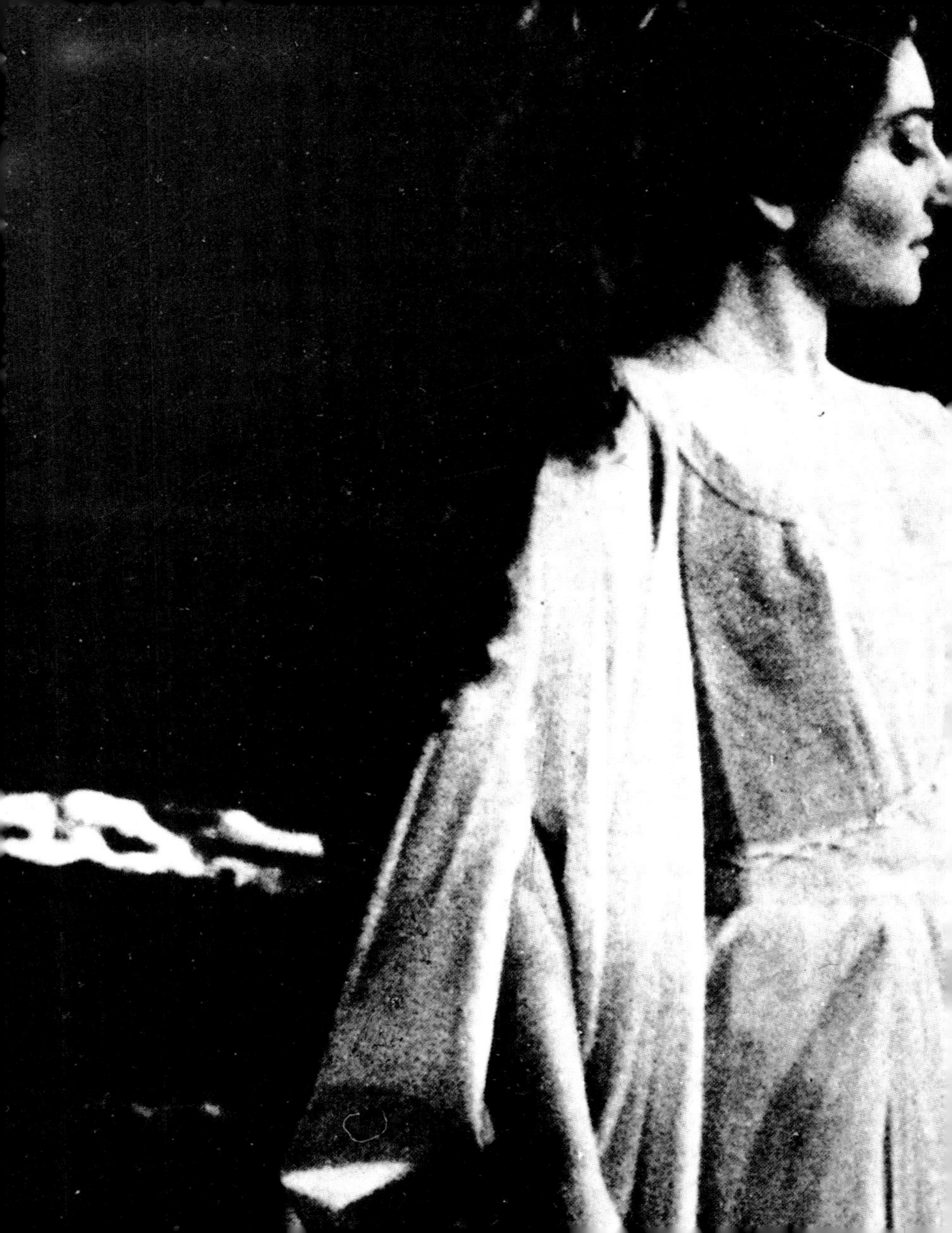

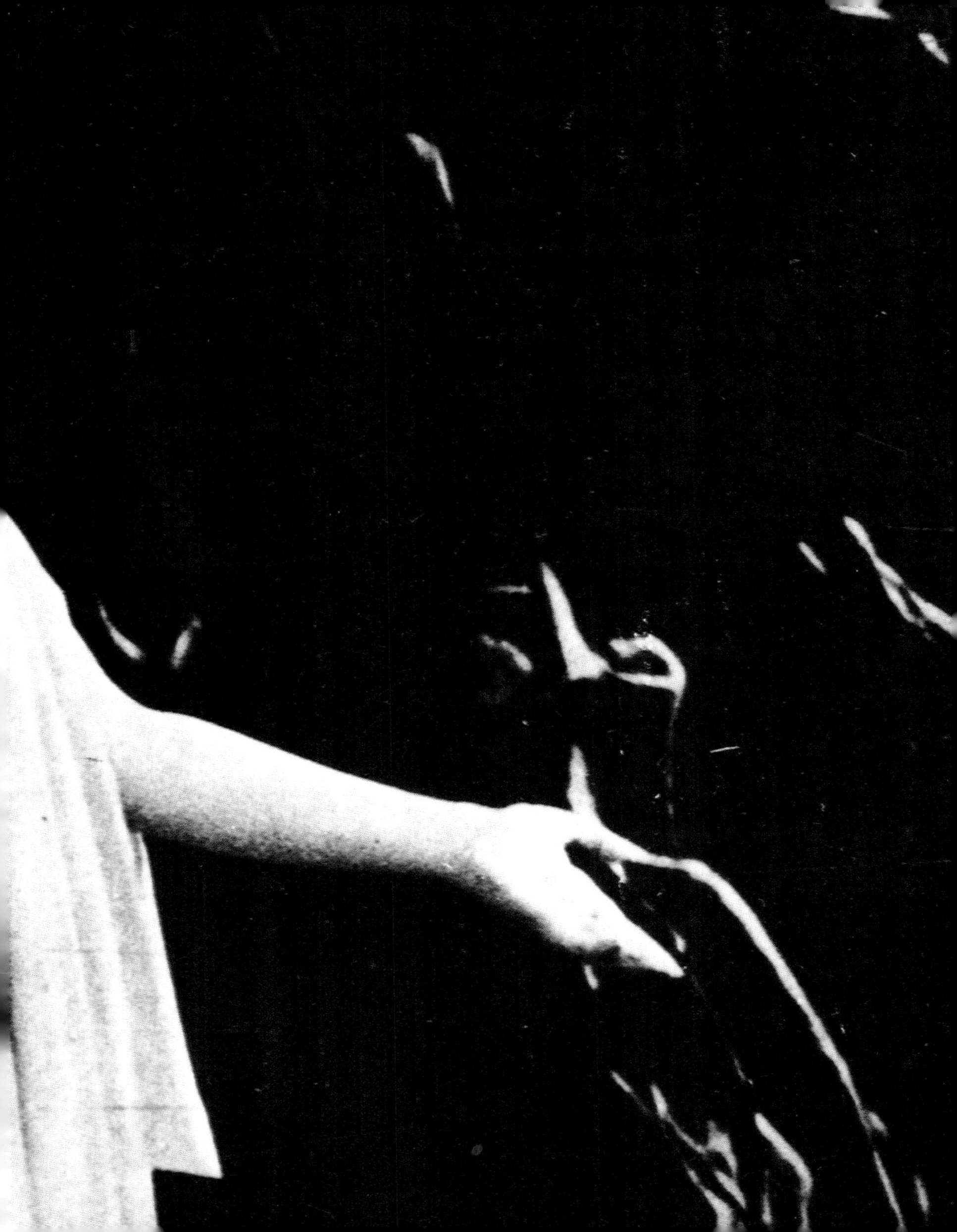

Medea (Film di P. P. Pasolini)

Il film, stupendo sotto molti aspetti, non fu amatissimo, ed ingiustamente , dal grosso pubblico. Tuttavia la Callas fu attrice grande e compresa di una parte che, senza il canto, richiedeva per la macchina da presa dei ritmi e movimenti diversi da quelli del palcoscenico. Il mito di Medea ritrovò nella Callas una dimensione non aggressiva, la meno sanguinaria possibile, a metà barbara e crudele per ragioni di ambientazione etnografica, a metà greca e sublimante.

1969, Medea (Film by P. P. Pasolini)

This film, superb in many respects, was never very popular with the public, rather unjustly. However Maria Callas was a great and comprehensive actress even in a part that was not sung and with the cine-camera necessitating different cadence and movements from those of the stage. Callas brought a less aggressive dimension to the mythical Medea, as least bloodthirsty as was possible, halfway between the cruel barbarism required by the ethnic setting, and the sublime style of the Greeks.

1969

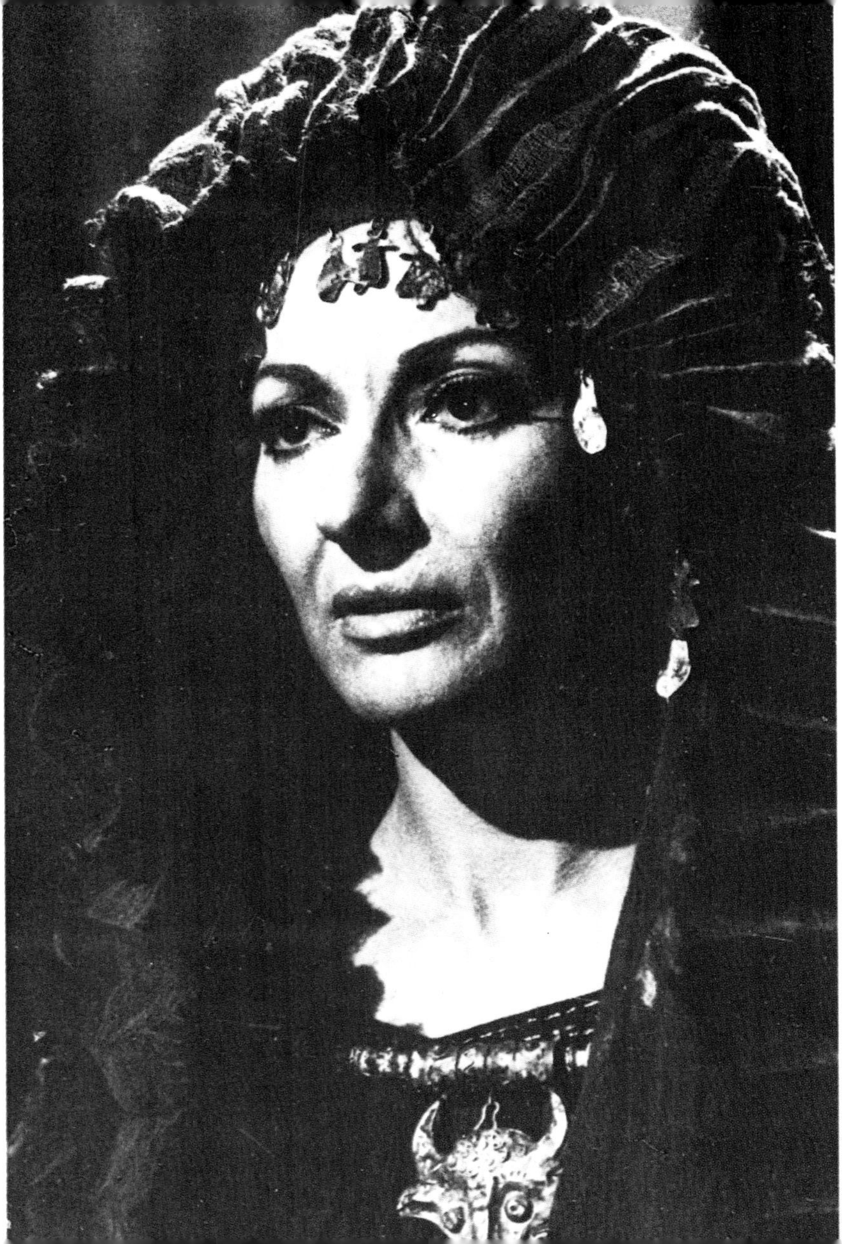

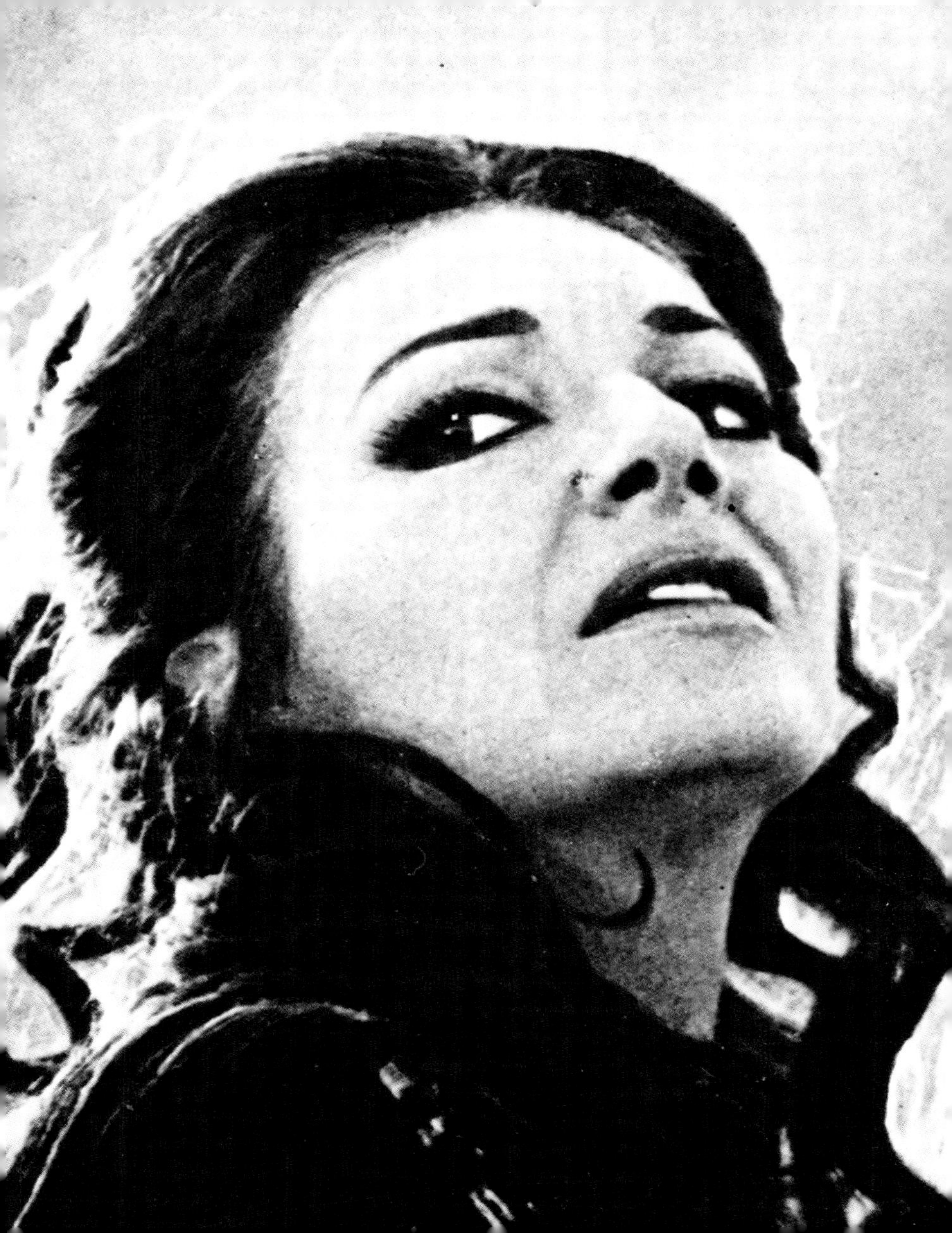

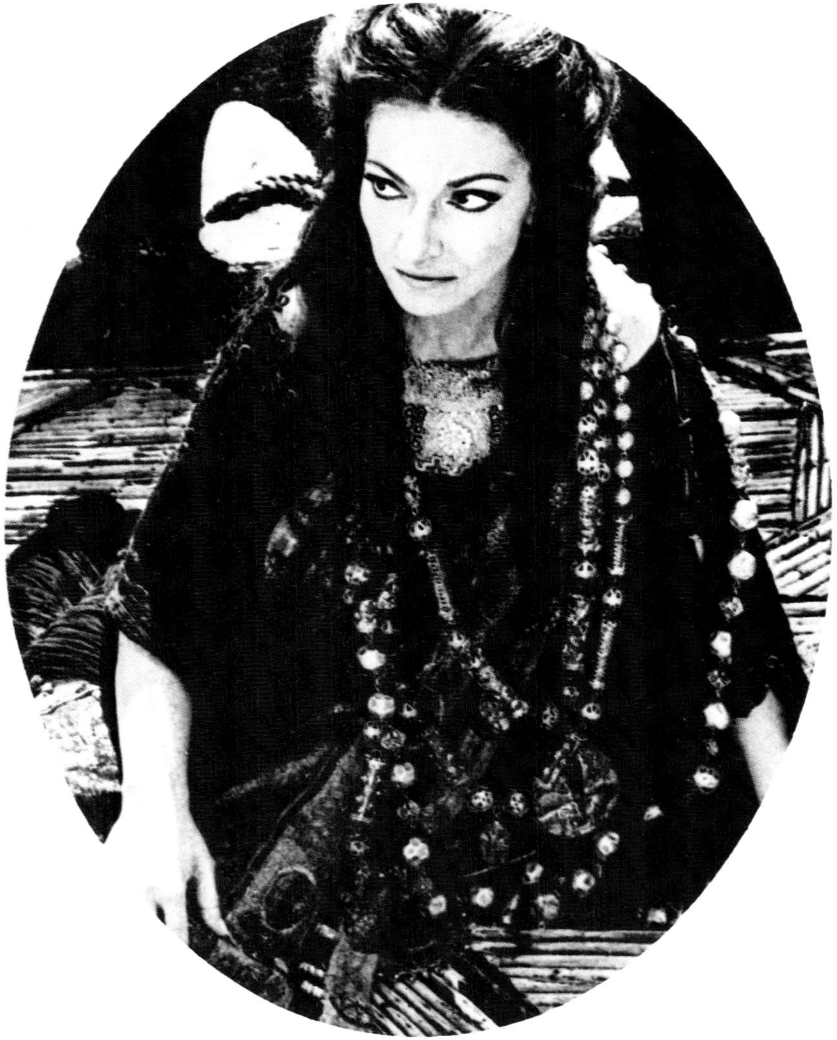

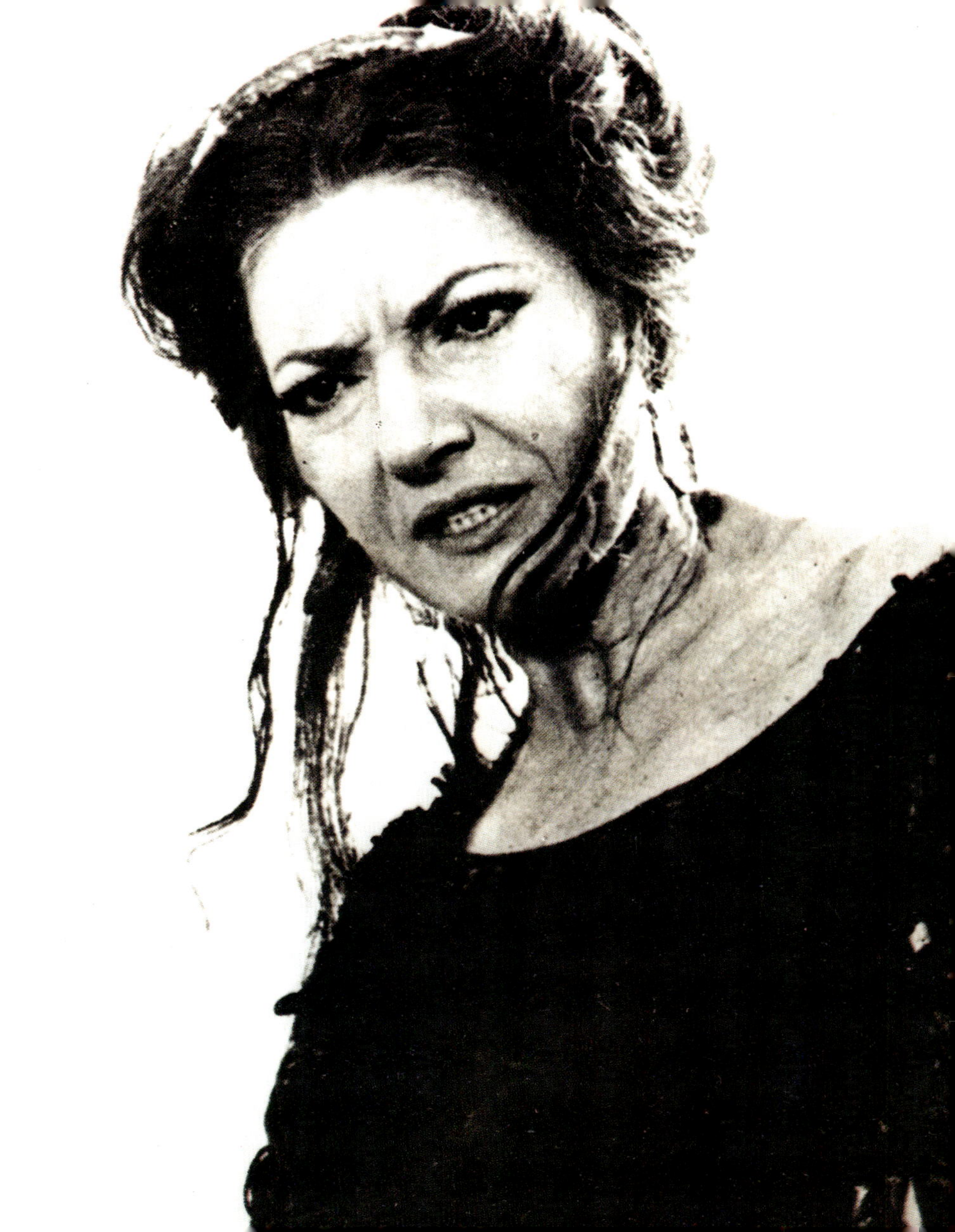

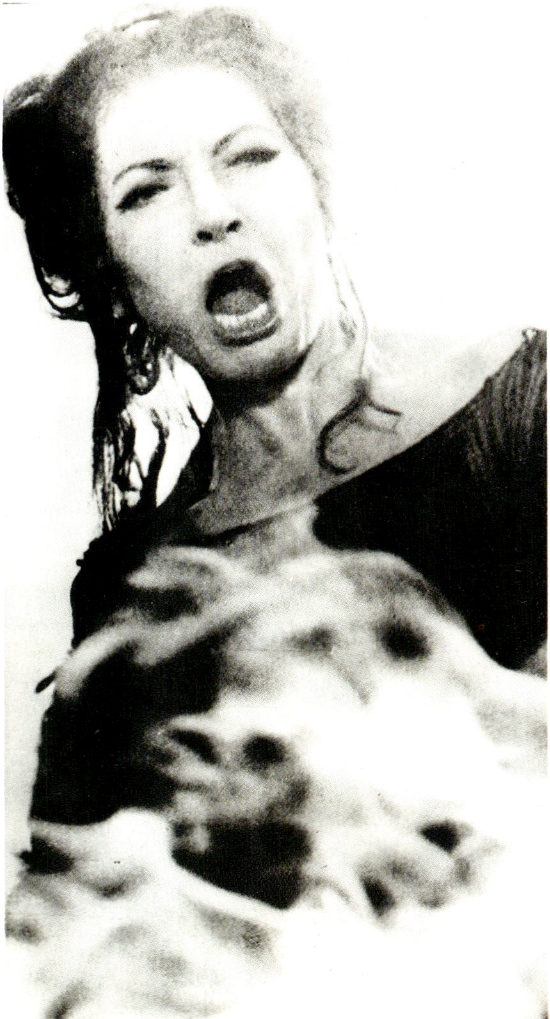

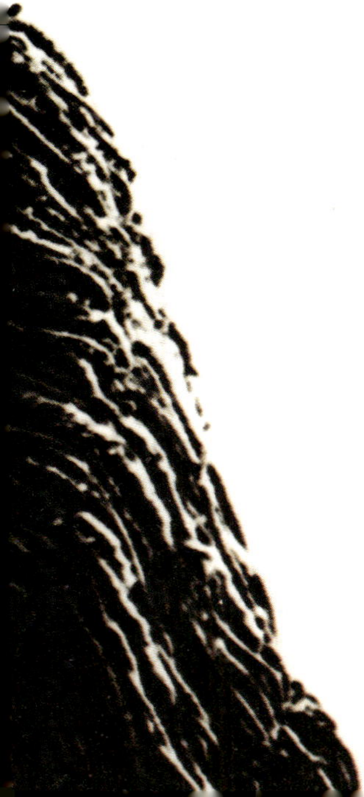

Lasciata la scena teatrale e cinematografica, la Callas fra il 1973 il 1974 intrapprese una turnée con Giuseppe Di Stefano in molte parti del mondo, raggiungendo anche il Giappone e la Corea. Alternò brani per soprano e per mezzosoprano (Carmen, Eboli). I dischi ci danno un ricordo tragico di una voce ormai quasi finita, ma non mancano momenti di aggressiva bellezza, quasi la Callas si ribellasse alla fine inevitabile.

After leaving the theatre and cinema stages, Callas began a tour that went on during 1973 and 1974 with Giuseppe Di Stefano, covering many parts of the world, including Japan and Korea. She alternated between passages for soprano and mezzo-soprano (Carmen, Eboli). The records make a moving testament to a voice that was nearing the end, though there are still moments of aggressive beauty, as if Maria Callas refused to accept the inevitable.

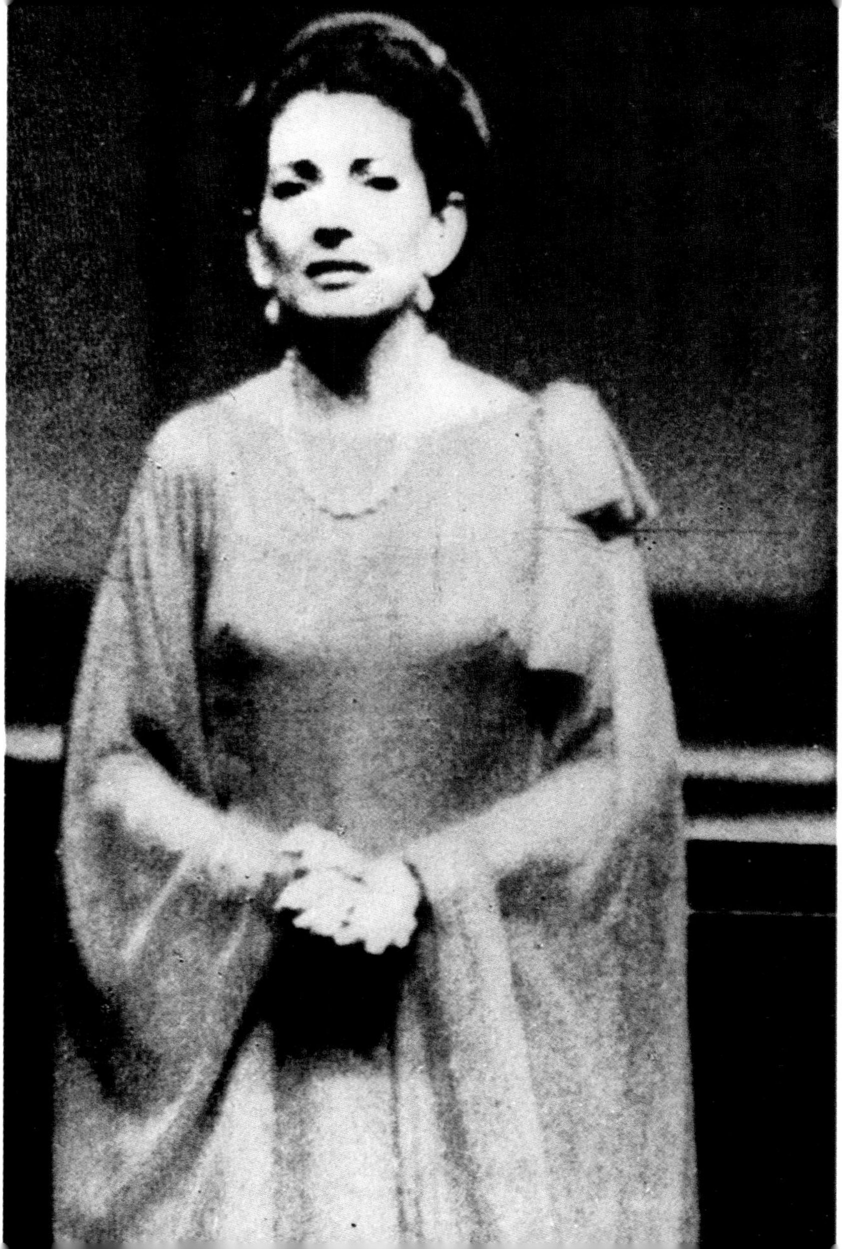

Medea (Cherubini)

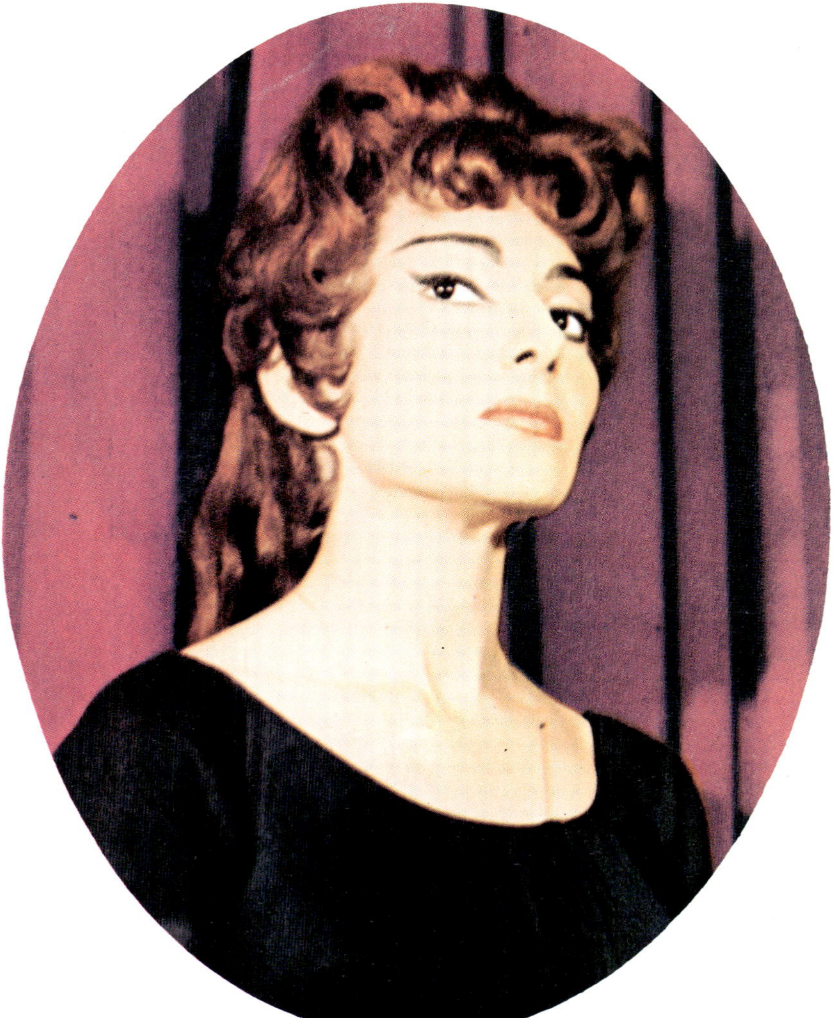

L'ARTE INSUPERABILE

Parlare di Maria Callas è pur sempre un grosso problema.
La sua vita è stata raccontata molte volte, in modi diversi secondo gli autori e non sempre in sincronia con la verità. Ciò che a noi più interessa in questa sede è ricordarne l'arte insuperabile.
Quando lei entrava in scena nel primo atto di *Anna Bolena,* sostenuta dalle ancelle, era una regina distrutta che sentiva in Giovanna Seymour (Giulietta Simionato) una temibile rivale sia come amante di Enrico VIII che come tigre di palcoscenico. Nessuno potrà mai sapere cosa pensasse la Callas in quel momento prima di iniziare il recitativo. Il pubblico aspettava col fiato sospeso, poi si sentiva il debole sospiro cui seguivano le prime parole "Sì taciturna e mesta mai non vidi assemblea". Automaticamente un brivido percorreva il teatro e veniva la pelle d'oca. Quasi quattro ore dopo arrivava, difficile e tremenda, la cabaletta, grande pezzo di bravura della "Coppia iniqua" e il teatro esplodeva. Così tutte le sere, con qualsiasi opera, anche nei tempi peggiori.

INSUPERABLE ART

Maria Callas always represents a problem for a writer. Her life has been described many times, in differing ways by the various authors and not always with absolute truth. However we are here primarily interested in her insuperable artistic talent. When she entered on stage in the first Act of Anne Boleyn, *helped by her servants, she was a queen, destroyed in spirit, who recognized in Jane Seymour a terrible rival as the lover of Henry VIII. This operatic rivalry also had its counterpart in real life: Giulietta Simionato, playing Jane Seymour, was something of an adversary as a tigress of the stage, and so what Callas must have felt in the moments before beginning the recitative can barely be imagined. The audience held their breath and waited, hearing a faint sigh before the first words "Sì taciturna e mesta mai non vidi assemblea".*

A thrill ran through the theatre and one sensed a shiver of goose-flesh. Almost four hours later Callas reached the tremendously difficult cabaletta "Coppia iniqua", a passage of great virtuosity, and the theatre erupted. Many analogous scenes could

Cos'era la voce della Callas? Le "beghine" del loggione hanno discusso per anni, senza arrivare ad un accordo. E poi la Callas cantava tutto, da *Norma* a *Sonnambula*, da *Aida* trionfante a Città del Messico con un incredibile sopracuto nel finale secondo, alla più sofferta *Fedora*.

Mancò un paio di stagioni e al suo ritorno per il *Poliuto* entrò in scena a piccoli passi fra grandiose rovine, spostando appena con la mano il lembo del mantello di Paolina. Bastò quel piccolo gesto. Il teatro impazzì tanto che sembrava uno stadio. Lei era tornata e non era questione di divismo o di voce, ormai usurata, ma amore allo stato puro. Lei lo sapeva, lo sapevano tutti e fu una serata indimenticabile. Non ricordiamo chi ha scritto che la Callas era sublime nel bene e nel male. Poteva avere note siderali e acuti terrificanti, stridenti. Ma erano note sue e in ogni ruolo sapeva trovare quelle giuste, pur cambiando scelte nel tempo. La sua prima *Medea* era selvaggia e brutale, l'ultima, dopo molti anni, quasi intimista.

Cambiò anche di figura. Era una opulenta matrona, ma nessuno ci badava quando era in scena, perché tutto spariva nel vortice della sua interpretazione. Poi divenne magra, divenne elegante, sofisticata, conscia della regalità del suo ruolo sulla scena e fuori. Il volto si affilò; gli occhi sembrarono più grandi e intensi, dominanti

---

be described, because Callas performed superlatively evening after evening, whatever the opera, even during the most troubled times.

What was so characteristic of Maria Callas' voice? This was the subject of the whispers in the gallery for five years and no conclusion was reached. Callas sang everything, from Norma *to* Sonnambula, *from the triumphal* Aida *in the City of Mexico with an incredible high note in the second finale, to the less easily-weathered* Fedora.

After an absence of two seasons, she returned to La Scala for Poliuto, *and entered on stage as Paolina, taking short steps amongst grandiose ruins, and with a barely noticeable gesture, slightly drew aside the edge of her cape. The movement was enough to ignite the theatre, making it seem more like a football stadium than an opera house. She was back, and it was not a question of stardom, or voice (by now worn), but pure love. She knew it, as did everyone, and it was an unforgettable evening. It has been written (we do not recall who by) that Callas was sublime both in good and bad. She could produce heavenly notes, and others that were strident and shocking, but in every part she selected the right ones, though her choice changed over the years. Her first* Medea *was savage and brutal, the last, many years*

Anna Bolena (Donizzetti)

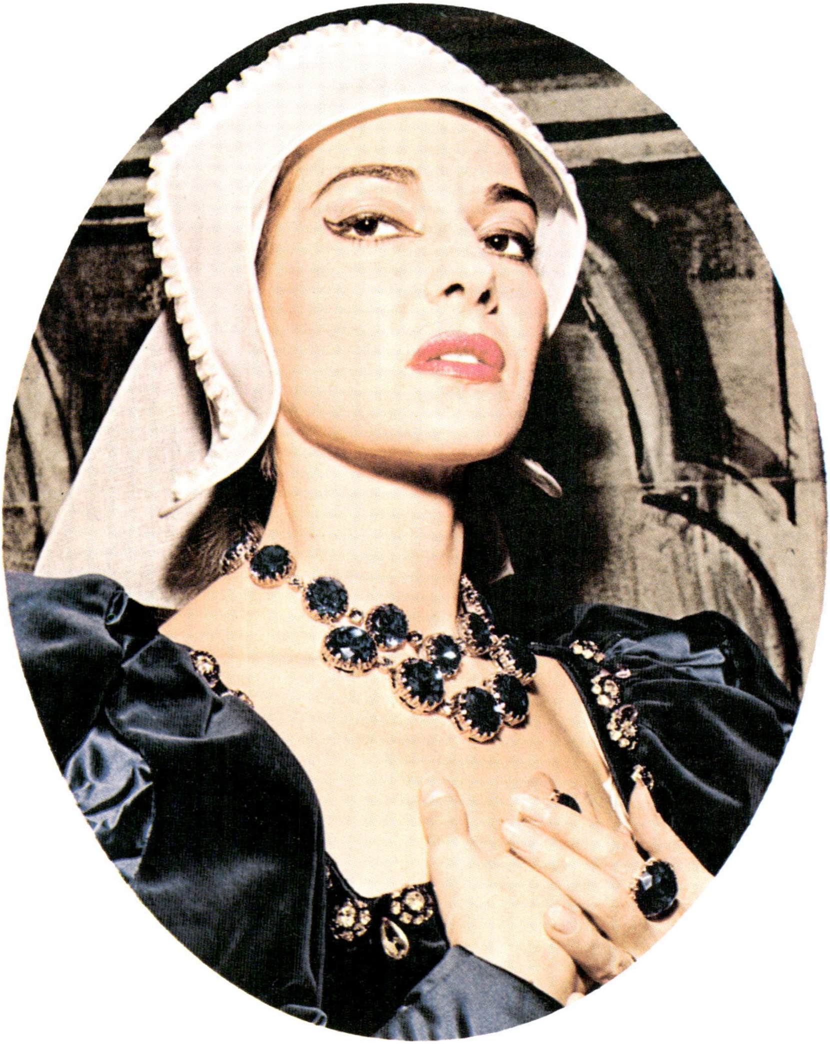

come quelli dei ritratti del Fayum.
Cosa fosse la sua voce nelle prime recite di Atene non lo sappiamo. La prima registrazione nota è del 1949, nella *Turandot* a Buenos Aires con Mario Del Monaco. L'ultimo disco è dell'11 novembre 1974, in Giappone, per un concerto con Giuseppe Di Stefano.
Cosa restava all'epoca della Callas? Era il suo fantasma, ma un fantasma ancora vivace che in talune frasi dava ancora brivido e tensione.
Da questo disco si può capire perché la Callas fosse inaffondabile, come lo era sulla scena a rischio di fare pasticci.
Esiste una registrazione televisiva del secondo atto di *Tosca* con Tito Gobbi che ne dà la prova. Alla fine dell'atto, ammazzato il truce barone Scarpia, non si capiva perché Tosca continuasse a vagare per la scena mentre avrebbe dovuto uscire. Si sa che senza occhiali la Callas non vedeva nulla.
La scena aveva tre porte, due dipinte e una praticabile, ma lei non ricordava quale fosse la giusta. L'incredibile andò allora a rimirarsi ancora una volta il cadavere e in dialetto veronese chiese lumi al Gobbi morto. Lo stecchito rispose e lei uscì giusto in tempo.

---

later, was almost intimate.
Her figure changed as well: at first she was wide and matronly, though this went unnoticed by a listener enthralled by her interpretation. Later she slimmed and became elegant and sophisticated, conscious of her role both on the stage and outside it. Her face thinned, making her eyes appear larger and more intense, dominant like those in Fayum's portraits.
We can only guess at what her voice was like during the first Athens performances. The first known recording dates from 1949, in Turandot *at Buenos Aires with Mario Del Monaco. The last record was made on 11th November 1974, in Japan, during a concert with Giuseppe Di Stefano. By then, only a whisper remained, but a whisper that was still capable of provoking thrills and tension in certain phrases. This record helps to understand Callas' indestructibility, a characteristic that she also had on stage when she risked mistakes and muddles. There is a television recording of the second Act of* Tosca *with Tito Gobbi that perfectly demonstrates the point. At the end of the Act, the cruel Baron Scarpia lying dead, Tosca inexplicably continued to wander around the stage when she should have already made her exit. Maria Callas saw very little without glasses, and the scenery had three doors,*

Questa è becera aneddotica, ma la Callas era così. Non parliamo poi delle affettuose pacche che dava sulla schiena dei colleghi. Ne conobbe diverse la Simionato, che una sera, prima di *Anna Bolena,* rispose con una sberla altrettanto forte ed istintiva. Per poco non saltò tutto, ma poi ci risero sopra e tutto finì in gloria.

Oggi in teatro manca di queste cose. La regia domina sulla musica e gli artisti sono "menomati" da direttori e registi.

Anche i sommi artisti, non sono più quelli di una volta. Molti sono famosi, fanno i divi, ma non lo sono, hanno un'ottima organizzazione commerciale e propagandistica. Ma il sacro fuoco sembra spento. La Callas è invece, e sarà sempre, un punto sicuro di riferimento.

Certe sue interpretazioni restano uniche. Forse solo la grande signora, Leyla Gencer, sapeva dare lo stesso carisma ai ruoli, ritagliandoli sulla sua voce, ma con la stessa altissima classe. Oggi come oggi la cantante che osasse affrontare tutto ciò che fece la Callas si brucerebbe in poche stagioni. Lei poteva alternare *Isotta* e *Puritani.*

Poi c'erano le sue mani, che cantavano in accordo con la voce, mobili o statiche, aggressive o ieratiche, sempre da seguire con gli occhi. Diceva Tullio Serafin che

---

two that were merely painted and one that was in fact an exit: Callas could not remember which one was the real door. The resourceful heroine therefore went to gaze once more upon the body, and speaking in Veronese dialect, asked enlightenment from the dead Gobbi. He answered and so she managed to leave the stage, just in time.

This may not be the most complimentary of anecdotes, but it provides a true description of Callas. Another trait was that of giving affectionate slaps on the back of her colleagues. Giulietta Simionato suffered many, and one evening, before Anne Boleyn, *replied with a blow just as strong and instinctive. It very nearly put an end to the opera, but they finally laughed it off and all finished gloriously.*

These events seem not to occur in opera today: direction predominates over the music and the singers are apparently rigidly controlled by conductor and director. Even the greatest performers do not reach the standard attained by those of past years. Many are famous, and even reach stardom, but in reality they are well-commercialized and publicized and seem to lack the essential "inner flame". Maria Callas will always be a fundamental point of reference: some of her performances remain absolutely unique. Perhaps only the great Leyla Gencer was able to in-

Il Pirata (Bellini)

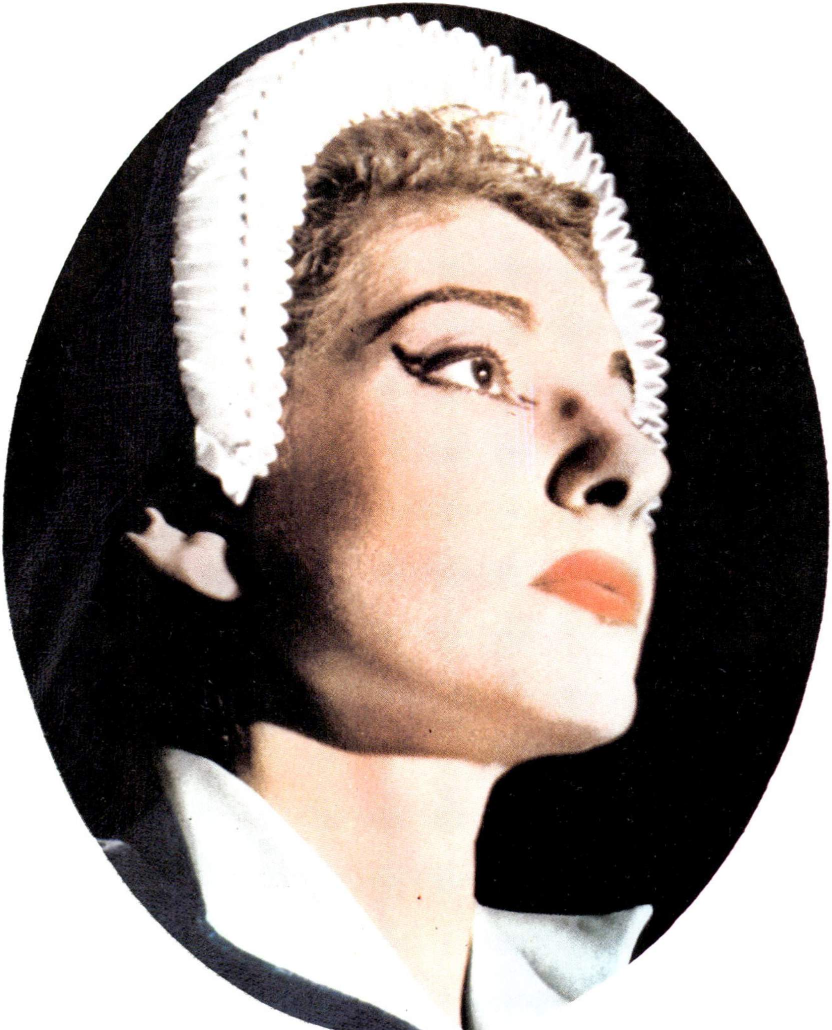

Mariano Stabile, quando era giù di voce, cantava con le mani e ricordava l'aria del sogno di Cassio nell'*Otello*.
La Callas aveva voce e mani, ed erano un sogno unico. Fedele al suo ruolo di grande tragica, quando si sentì intorno il vuoto, fece come un orgoglioso felino. La tigre si nascose, si isolò, morì sola come forse era stata per tutta la vita, anche se seguita da molte persone direttamente e dal mondo intero indirettamente. Scomparsa lei, è rimasto il mito.

---

stil such charisma into her parts, trimming them to suit her voice, but mantaining the same high standard. A singer of today attempting to face all that Callas performed would last only very few seasons: her alternation of operas as different as Tristan and Isolde *and* Puritani *in astonishing in itself.*
Her hands were another source of expression, performing in harmony with her voice, whether moving or still, aggressive or hieratic, always capturing the eye. Tullio Serafin said that when Mariano Stabile's voice was of colour, he sang with his hands, managing to bring to the listener's mind the aria in question - Cassio's dream in Othello. *Callas, having both voice and hands, was a dream come true.*
Tragic till the last, she behaved like a proud feline when she sensed the emptiness of life around her. Like a dying tiger, she hid herself away in isolation and died, alone, as perhaps she had been all her life, even though followed by many people and watched by the whole world. Though she has gone, the legend lives on.

I PRINCIPALI ARTISTI CHE CANTARONO CON MARIA CALLAS

Mezzosoprani e contralti
Fedora Barbieri, Fiorenza Cossotto, Elena Nicolai, Giulietta Simionato, Ebe Stignani
Tenori
Franco Corelli, Mario Del Monaco, Giuseppe Di Stefano, Pier Miranda Ferraro, Gino Penno, Mirto Picchi, Richard Tucker, Jon Vickers, Giacomo Lauri Volpi
Baritoni
Ettore Bastianini, Gino Bechi, Tito Gobbi, Enzo Mascherini, Rolando Panerai, Aldo Protti, Mariano Stabile, Carlo Tagliabue, Mario Zanasi
Bassi
Raffaele Ariè, Boris Christoff, Silvio Majonica, Giuseppe Modesti, Giulio Neri, Nicola Rossi Lemeni, Cesare Siepi, Italo Tajo, Nicola Zaccaria

---

THE MOST IMPORTANT PERFORMERS WHO SANG WITH MARIA CALLAS

Mezzo-sopranos and contraltos
Fedora Barbieri, Fiorenza Cossotto, Elena Nicolai, Giulietta Simionato, Ebe Stignani
Tenors
Franco Corelli, Mario Del Monaco, Giuseppe Di Stefano, Pier Miranda Ferraro, Gino Penno, Mirto Picchi, Richard Tucker, Jon Vickers, Giacomo Lauri Volpi
Baritones
Ettore Bastianini, Gino Bechi, Tito Gobbi, Enzo Mascherini, Rolando Panerai, Aldo Protti, Mariano Stabile, Carlo Tagliabue, Mario Zanasi
Basses
Raffaele Ariè, Boris Christoff, Silvio Majonica, Giuseppe Modesti, Giulio Neri, Nicola Rossi Lemeni, Cesare Siepi, Italo Tajo, Nicola Zaccaria

Ifigenia in Tauride (Gluck)

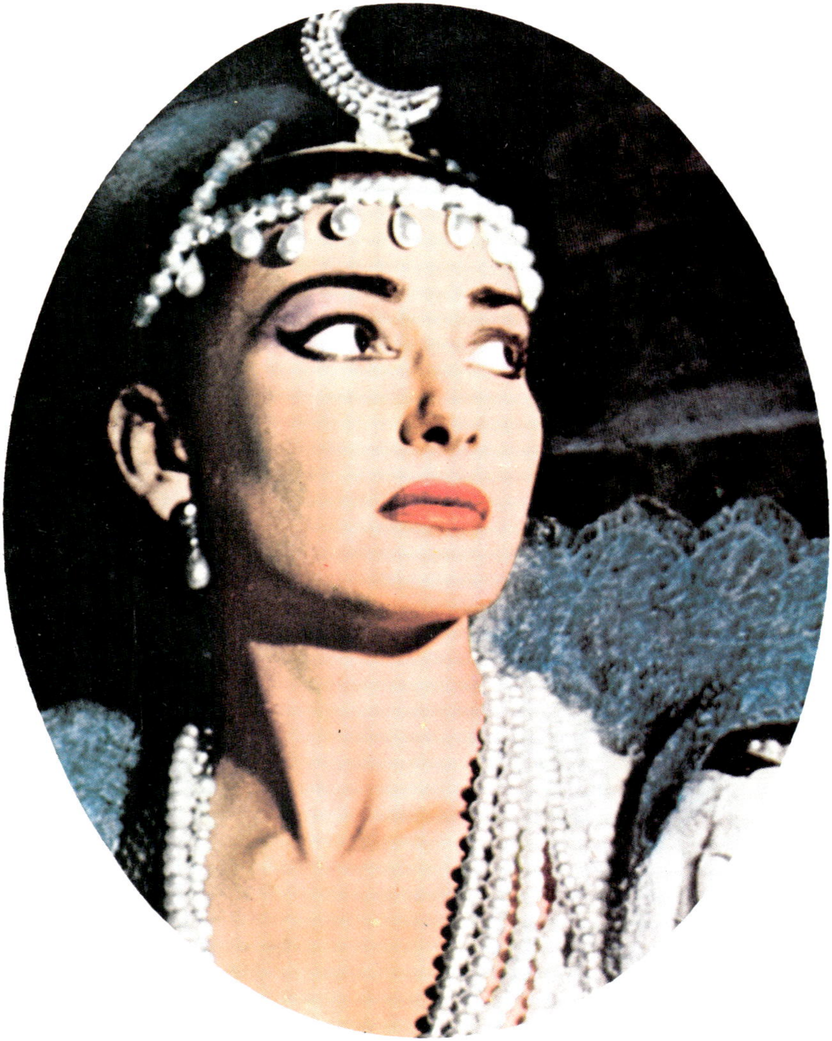

NOTE BIOGRAFICHE

Maria Callas è stata certamente una delle più grandi cantanti almeno di questo secolo non potendo giudicare la voce e l'interpretazione di artisti dell'Ottocento in mancanza di discografia.
In compenso la grande artista pur avendo raccolto successi in tutto il mondo fu una donna molto infelice e sola pur vivendo in mezzo a folle adoranti.
Nata il 4 dicembre 1923 a New York con il cognome Kalogeropoulos ebbe un'infanzia difficile con la madre Evangelia.
Poi iniziò a cantare e dal 1938 al 1945 si esibì più volte ad Atene con repertorio che spaziava dalla Cavalleria Rusticana al Fidelio di Beethoven.
Le prime due rivelazioni sono Gioconda all'Arena di Verona nell'agosto 1947 e Tristano e Isotta a Venezia in dicembre.
Il repertorio cominciò ad allargarsi con Turandot, Forza del Destino, Aida, Norma, Walkiria, Puritani e Parsifal.
Sola, grassa, goffa forse per disperazione sposò l'anziano Giovan Battista Meneghi-

---

BIOGRAPHICAL NOTES

Maria Callas can certainly be rated as one of the greatest singers of this century: a comparison with XIXth century performers is impossible due to lack of recordings.
However this great artist, successful all over the world, was a very unhappy and lonely woman, even though surrounded by crowds of admirers.
She was born on 4th December 1923 in New York with the surname Kalogeropoulos, and had a difficult childhood with her mother Evangelia.
After beginning to sing, she performed many times at Athens from 1938 to 1945, with a repertory ranging from Cavalleria Rusticana *ethoven's* Fidelio.
The first two revelations of her talent were in Gioconda *at the Verona Arena, August 1947, and in* Tristan and Isolde *in Venice, December of the same year. Her repertory expanded to include* Turandot, Forza del Destino, Aida, Norma, Valkyrie, Puritani *and* Parsifal.
Alone, overweight and awkward, she married (perhaps out of desperation) the aged

ni di Verona nell'aprile 1949. Nel frattempo il repertorio si allargava ancora con una varietà incredibile in cui Traviata si alternava a Norma, Puritani con Vespri Siciliani.

Ormai la carriera era decisamente avviata e finalmente la Scala di Milano si rese conto che non poteva fare a meno di lei offrendole ruoli che andavano dal soprano leggero di coloratura, al lirico al più spinto drammatico come Medea.

Una grande svolta nella sua carriera fu l'incontro con Aristotele Onassis.

L'incontro avvenne nell'estate del 1959 durante una crociera sul panfilo dell'armatore greco e ne nacque un legame di incredibile intensità.

Ne nacquero commenti di tutti i generi di intensità pari a quella delle voci che la voleva rivale del soprano Renata Tebaldi.

Fra il 1960 e il 1965 la Callas disertò l'opera per dedicarsi principalmente a concerti e registrazioni discografiche pur eseguendo nel frattempo il Poliuto di Donizetti, alcune riprese di Medea, di Norma e di Tosca (Londra e Parigi).

Il declino vocale era ormai avvertibile e solo il grande carisma le permetteva di affrontare i palcoscenici impegnandosi anche in una incredibile tournée in tutto il mondo, raggiungendo anche il Giappone e la Corea fra il 1973 e il 1975.

Giovan Battista Meneghini of Verona in April 1949. Meanwhile her repertory continued to widen with extraordinary variety, performing Norma *after* Traviata, Vespri Siciliani *after* Puritani.

By then her career was well-launched, and La Scala finally reached the conclusion that they could not do without her, and offered her parts that ranged from light, bland soprano, to lyric roles right through to fullblooded melodrama such as Medea.

The encounter with Aristotle Onassis marked a momentous change in her life. They met in the summer of 1959 during a cruise on the Greek shipping tycoon's yacht, and a very intense relationship grew up between them.

This caused as much comment of all sorts as did the rumours that reported her as being in rivalry with the soprano Renata Tebaldi.

Between 1960 and 1965, Callas left the opera circuit to perform concerts and make records, though she still sang Donizetti's Poliuto *and some performances of* Medea, Norma *and* Tosca *(at London and Paris).*

By now the decline in quality of her voice was noticeable and only her great charisma permitted her to take to the stage. She also performed in a remarkable world tour from 1973 to 1975 that reached as far as Japan and Korea.

Nel frattempo Onassis l'aveva lasciata per sposare Jacqueline Kennedy e successivamente era morto lasciando la Callas nella più grande prostrazione.
Isolatasi dal mondo nella sua casa di Parigi, sembrò volersi seppellire quasi volesse lasciarsi morire come avvenne il 16 settembre 1977.
Non si è mai saputo esattamente come si sia spenta, ma l'opinione più diffusa è che si fosse trattato di crepacuore.
Il mito Callas esisteva già e non ha mai cessato di crescere in questi ultimi dieci anni anche grazie alla sconfinata discografia che la cantante ha lasciato ai posteri.
"Sola, perduta, abbandonata" come nella Manon la Callas ha chiuso un'epoca storica della lirica e nonostante ottime cantanti si esibiscano imitandone anche lo stile nulla potrà mai sostituire le sue inflessioni vocali, il gesto imperioso a volte, dolcissimo altre, una presenza scenica che sostituiva taluni problemi vocali con un'autorità teatrale mai più eguagliata.

Meanwhile Onassis had left her to marry Jacqueline Kennedy, soon after dying to leave Callas in the most forlorn despair.
She cut herself off from the world in her Parisian house, as if waiting for death, which arrived on 16th September 1977.
The cause of death has never been precisely known, but popular opinion asserted it to be heartbreak.
The "Callas legend" already existed and has grown during the last then years, partly as a result of the wide range of recordings that the singer left.
"Alone, lost and abandoned", like in the opera Manon Lescaut, *Callas closed an epoch in the history of opera, and though excellent singers imitate her performing style, she remains unique and insurpassable in her vocal inflection, her gesture that ranged from imperious to gentle, and a presence on stage that compensated for any vocal problems with unequalled drammatic authority.*

LE PRIME

Compendio delle opere cantate da Maria Callas con l'indicazione della prima recita e del luogo.

1938 - Cavalleria Rusticana (Mascagni) - Atene
1943 - Cavalleria Rusticana (Mascagni) - ripresa all'Opera di Atene
1940, maggio - Suor Angelica (Puccini) - Atene
1940, novembre - Boccaccio (Suppé) - Atene
1941 - Tosca (Puccini) - Atene
1943 - Tosca (Puccini) - ripresa al Teatro dell'Opera di Atene
1944 - Tiefland (D'Albert) - Atene, Opera
1944 - O Protonastoras (Kalomiris) - Atene, Opera
1944, agosto - Fidelio (Beethoven) - Atene, Teatro di Erode Attico

FIRST PERFORMANCES

A list of the operas sung by Maria Callas, indicating the date and location of the first performances

1938 - Cavalleria Rusticana (Mascagni) - Athens
1943 - Cavalleria Rusticana (Mascagni) - Repeated at the Athens Opera
1940, May - Suor Angelica (Puccini) - Athens
1940, November - Boccaccio (Suppé) - Athens
1941 - Tosca (Puccini) - Athens
1943 - Tosca (Puccini) - Repeated at the Athens Opera Theatre
1944 - Tiefland (D'Albert) - Athens, Opera
1944 - O Protonastoras (Kalomiris) - Athens, Opera
1944, August - Fidelio (Beethoven) - Athens, Attic Herod Theatre

1945, settembre - Lo studente povero (Millöker) - Atene, Opera
1947 - Turandot (Puccini) - Chicago (solo prove)
1947, agosto - Gioconda (Ponchielli) - Verona, Arena
1947, dicembre - Tristano e Isotta (Wagner) - Venezia, Fenice
1948, aprile - Forza del Destino (Verdi) - Trieste, Politeama
1948, settembre - Aida (Verdi) - Torino, Lirico
1948, novembre - Norma (Bellini) - Firenze, Comunale
1949, gennaio - Walkiria (Wagner) - Venezia, Fenice
1949, gennaio - Puritani (Bellini) - Venezia, Fenice
1949, febbraio - Parsifal (Wagner) - Roma, Opera
1949, settembre - S. Giovanni Battista (oratorio, Stradella) - Perugia, S. Pietro
1949, dicembre - Nabucco (Verdi) - Napoli, S. Carlo
1950, giugno - Trovatore (Verdi) - Città del Messico
1950, ottobre - Turco in Italia (Rossini) - Roma, Eliseo
1951, gennaio - Traviata (Verdi) - Firenze, Comunale
1951, maggio - Vespri Siciliani (Verdi) - Firenze, Comunale
1952, aprile - Ratto del Serraglio (Mozart) - Milano, Scala

1945, September - The Poor Student (Millöker) - Athens, Opera
1947 - Turandot (Puccini) - Chicago (rehearsals only)
1947, August - Gioconda (Ponchielli) - Verona, Arena
1947, December - Tristan and Isolde (Wagner) - Venice, Fenice Theatre
1948, April - Forza del Destino (Verdi) - Trieste, Politeama
1948, September - Aida (Verdi) - Turin, Teatro Lirico
1948, November - Norma (Bellini) - Florence, Teatro Comunale
1949, January - Valkyrie (Wagner) - Venice, Fenice Theatre
1949, January - Puritani (Bellini) - Venice, Fenice Theatre
1949, February - Parsifal (Wagner) - Rome, Opera
1949, September - S. Giovanni Battista (Oratorio, Stradella) - Perugia, S. Pietro
1949, December - Nabucco (Verdi) - Naples, S. Carlo Theatre
1950, June - Trovatore (Verdi) - Mexico City
1950, October - Turco in Italia (Rossini) - Rome, Eliseo
1951, January - Traviata (Verdi) - Florence, Teatro Comunale
1951, May - Vespri Siciliani (Verdi) - Florence, Teatro Comunale
1952, April - Ratto del Serraglio (Mozart) - Milan, La Scala

1952, aprile - Armida (Rossini) - Firenze, Comunale
1952, giugno - Lucia di Lammermoor (Donizetti) - Città del Messico
1952, giugno - Rigoletto (Verdi) - Città del Messico
1952, dicembre - Macbeth (Verdi) - Milano, Scala
1953, maggio - Medea (Cherubini) - Milano, Scala
1954, aprile - Alceste (Gluck) - Milano, Scala
1954, aprile - Don Carlo (Verdi) - Milano, Scala
1954, maggio - Pagliacci (Leoncavallo) - Milano, Scala
1954, luglio - Mefistofele (Boito) - Verona, Arena
1954, dicembre - Vestale (Spontini) - Milano, Scala
1955, gennaio - Andrea Chénier (Giordano) - Milano, Scala
1955, marzo - Sonnambula (Bellini) - Milano, Scala
1955, agosto - Madama Butterfly (Puccini) - Milano, Scala
1956, febbraio - Barbiere di Siviglia (Rossini) - Milano, Scala
1956, maggio - Fedora (Giordano) - Milano, Scala
1956, agosto - Bohème (Puccini) - Milano, Scala
1957, aprile - Anna Bolena (Donizetti) - Milano, Scala

1952, April - Armida (Rossini) - Florence, Teatro Comunale
1952, June - Lucia di Lammermoor (Donizetti) - Mexico City
1952, June - Rigoletto (Verdi) - Mexico City
1952, December - Macbeth (Verdi) - Milan, La Scala
1953, May - Medea (Cherubini) - Milan, La Scala
1954, April - Alceste (Gluck) - Milan, La Scala
1954, April - Don Carlo (Verdi) - Milan, La Scala
1954, May - Pagliacci (Leoncavallo) - Milan, La Scala
1954, July - Mefistofele (Boito) - Verona, Arena
1954, December - Vestale (Spontini) - Milan, La Scala
1955, January - Andrea Chénier (Giordano) - Milan, La Scala
1955, March - Sonnambula (Bellini) - Milan, La Scala
1955, August - Madama Butterfly (Puccini) - Milan, La Scala
1956, February - The Barber of Seville (Rossini) - Milan, La Scala
1956, May - Fedora (Giordano) - Milan, La Scala
1956, August - Bohème (Puccini) - Milan, La Scala
1957, April - Anne Boleyn (Donizetti) - Milan, La Scala

1957, giugno - Ifigenia in Tauride (Gluck) - Milano, Scala
1957, luglio - Manon Lescaut (Puccini) - Milano, Scala
1958, maggio - Pirata (Bellini) - Milano, Scala
1960, dicembre - Poliuto (Donizetti) - Milano, Scala
1964, luglio - Carmen (Bizet) solo in disco - Parigi

1957, June - Ifigenia in Tauride (Gluck) - Milan, La Scala
1957, July - Manon Lescaut (Puccini) - Milan, La Scala
1958, May - Pirata (Bellini) - Milan, La Scala
1960, December - Poliuto (Donizetti) - Milan, La Scala
1964, July - Carmen (Bizet) only on record - Paris

BIBLIOGRAFIA ESSENZIALE

Legge W., Parla Walter Legge, in: CD Classica, marzo 1987
Pasi M., Maria Callas, la donna, la voce, la diva, Milano, 1981
Remy P.J., Callas une vie, Parigi, 1978
Stassinopulos A., Maria Callas al di là della leggenda, Milano, 1982
Verga C., Maria Callas, un mito, Milano, 1986
Verga C., La Callas e Bellini: un rapporto intenso ed essenziale, in: La Gazzetta del Museo Teatrale alla Scala, autunno 1986

Giornali diversi:
Corriere della Sera (Milano)
Il Gazzettino (Venezia)
Il Giorno (Milano)
Il Mattino (Napoli)

Il Messaggero (Roma)
La Nazione (Firenze)
La Scala, Rivista dell'Opera (Milano)
Il Secolo XIX (Genova)
La Stampa (Torino)

ESSENTIAL BIBLIOGRAPHY

Legge W., Parla Walter Legge, in: CD Classica, marzo 1987
Pasi M., Maria Callas, la donna, la voce, la diva, Milano, 1981
Remy P.J., Callas une vie, Parigi, 1978
Stassinopulos A., Maria Callas al di là della leggenda, Milano, 1982
Verga C., Maria Callas, un mito, Milano, 1986
Verga C., La Callas e Bellini: un rapporto intenso ed essenziale, in: La Gazzetta del Museo Teatrale alla Scala, Autumn 1986

Various newspapers:
Corriere della Sera (Milano)
Il Gazzettino (Venezia)
Il Giorno (Milano)
Il Mattino (Napoli)

Il Messaggero (Roma)
La Nazione (Firenze)
La Scala, Rivista dell'Opera (Milano)
Il Secolo XIX (Genova)
La Stampa (Torino)

VOLUMI PUBBLICATI IN QUESTA COLLANA

Volume n° 1
Le sportive d'epoca
Le più significative auto con carrozzeria sportiva tra il 1920 e il 1960.

Volume n° 2
La calzatura: storia e costume
La successione storica di esemplari rarissimi, spesso unici, di questo importante componente della moda.

Volume n° 3
L'orologio da polso
Pezzi rari, e preziosi, prodotti dal 1900 al 1960, segnano il percorso del piccolo "segnatempo".

Volume n° 4
I ferri da stiro
I "ferri" tipici che hanno fatto la storia di questo semplice e indispensabile strumento di lavoro.

Volume n° 5
Chiavi e serrature
Una selezione ragionata degli esemplari più preziosi che sa dare il senso del percorso storico compiuto.

Volume n° 6
Le fisarmoniche
Una documentazione eccezionale di un secolo di storia, con i primi organetti, le fisarmoniche "firmate" e i pezzi più importanti.

Volume n° 7
Maria Callas
Una documentazione fotografica originale e storica sull'attività artistica di Maria Callas.

VOLUMES PUBLISHED IN THIS SERIES:

Volume n° 1
Classic sports cars
The most important designs motor-cars with sporting coachwork, built between 1920 and 1960.

Volume n° 2
Footwear: history and costume
The history course of very rare examples, often unique pieces, that make up a panoramic of costume and fashion.

Volume n° 3
The wrist-watch
Rare and precious pieces, produced from 1900 to 1960, mark up the path that this small time-piece has followed.

Volume n° 4
Flat-irons
The various types of iron making up the history of this simple yet indispensable object.

Volume n° 5
Locks and keys
A careful selection of the most valuable examples highlighting the evolution of locking devices and their keys.

Volume n° 6
Phisharmonicas
An exceptional record of century's history, from the earliest concertinas to the great names in accordion production, with the most significant examples.

Volume n° 7
Maria Callas
An original photographic and historical record that traces the artistic career of Maria Callas.

LA COLLANA

Immagini focalizzate verso il dettaglio importante ed il particolare prezioso. Tagliate ed accostate per essere lette con agilità. Con brevi testi essenziali.
Sequenze che riflettono l'itinerario storico e culturale scelto.
L'Editore con questa collana si propone di esplorare categorie di soggetti significativi che rappresentano momenti di storia e di cultura.
Nel programma della collana sono previsti molti titoli che vanno dalle auto d'epoca fino alla collezione di oggetti d'uso di altri tempi. Ogni titolo sviluppa un solo soggetto.
Edizioni curate nella stampa, nella carta, nella rilegatura.
Con tirature limitate, riservate agli intenditori, a coloro, appunto, che sanno amare le cose belle.

THE SERIES

Illustrations concentrating on significant and refined detail. Edited and arranged for reading facility. With short, succinct texts.
An order that reflects the chosen historical and cultural itinerary.
In this series, the publisher's intention is to explore those categories of important subjects that are representative of moments in history and culture.
The series will comprise many titles, ranging from classic motor cars to the collection of household objects from another age. Each title is devoted to a single subject.
Published with highest attention to printing, paper, bindings.
Limited editions, reserved for connoisseurs, for those who know how to appreciate objects of beauty.

INDICE

SUMMARY

1	Maria Callas: Prime e personaggi	64/71	Norma (Bellini)
4	Fidelio (Beethoven)	72/75	Fedora (Giordano)
6	Gioconda (Ponchielli)	76/79	Anna Bolena (Donizzetti)
8	Turandot (Puccini)	80	Ifigenia in Tauride (Gluck)
10	Norma (Bellini)	82/85	Ballo in Maschera (Verdi)
12	Nabucco (Verdi)	86	Norma (Bellini)
14	Aida (Verdi)	88/91	Pirata (Bellini)
16/19	Vespri Siciliani (Verdi)	92	Traviata (Verdi)
20	Norma (Bellini)	94/97	Medea (Cherubini)
22	Armida (Rossini)	98/101	Poliuto (Donizzetti)
24	Vespri Siciliani (Verdi)	102/109	Medea (Cherubini)
26	Macbeth (Verdi)	110/113	Tosca (Puccini)
28	Gioconda (Ponchielli)	114/117	Norma (Bellini)
30	Trovatore (Verdi)	118/123	Medea (Film di P.P. Pasolini)
32	Medea (Cherubini)		
34	Lucia di Lammermoor (Donizzetti)	128/136	Arte insuperabile
36	Alceste (Gluck)	137	I principali artisti che cantarono con Maria Callas
38/43	Don Carlos (Verdi)		
44	Mefistofele (Boito)	140/142	Note biografiche
46	Vestale (Spontini)	143/146	Le Prime
48	Andrea Chénier (Giordano)	147	Bibliografie essenziali
50/53	Sonnambula (Bellini)	148/149	Volumi pubblicati
54/57	Turco in Italia (Rossini)	150	La Collana
58/63	Traviata (Verdi)	152	Ringraziamenti

Ringraziamenti

Il materiale pubblicato appartiene alle civiche raccolte di arte applicata ed incisioni del Castello Sforzesco.

Collana a cura di / *Series entrusted by*
Franco Bassi
Foto / *Illustrations*
il materiale fotografico è in gran parte di repertorio
(archivio fotografico Scala di Milano - archivio dell'autore)
Grafica / *Graphic*
Luca Pratella
Impaginazione / *Layout*
Anna Lubeschi
Traduzione / *Translation*
Johannes Henry Neuteboom

Finito di stampare
nel mese di ottobre 1987